# 智慧时代高校图书馆服务创新与发展研究

杨永华　著

中国原子能出版社
China Atomic Energy Press

图书在版编目（ＣＩＰ）数据

智慧时代高校图书馆服务创新与发展研究 / 杨永华
著. -- 北京 ： 中国原子能出版社，2020.3
　　ISBN 978-7-5221-0487-4

　　Ⅰ. ①智… Ⅱ. ①杨… Ⅲ. ①院校图书馆－图书馆服
务－研究②院校图书馆－图书馆发展－研究 Ⅳ. ①G258.6

中国版本图书馆CIP数据核字 (2020) 第035336号

## 内容简介

　　本书属于图书馆学方面的著作，由前言、高校图书馆服务概述、智慧时代高校图书馆服务的类别、智慧时代高校图书馆服务创新体系及运行模式、服务创新与发展的策略等部分组成。全书以高校图书馆为研究对象，分析了智慧时代下基于读者心理的高校图书馆个性化服务，并提出高校图书馆课程的建设和竞争力的提升。对图书馆学的从业者和研究者具有学习和参考价值。

**智慧时代高校图书馆服务创新与发展研究**

| | |
|---|---|
| 出版发行 | 中国原子能出版社（北京市海淀区阜成路43号　　100048） |
| 责任编辑 | 高树超 |
| 装帧设计 | 河北优盛文化传播有限公司 |
| 责任校对 | 冯莲凤 |
| 责任印制 | 潘玉玲 |
| 印　　刷 | 三河市华晨印务有限公司 |
| 开　　本 | 710 mm×1000 mm　1/16 |
| 印　　张 | 12.25 |
| 字　　数 | 230千字 |
| 版　　次 | 2020年3月第1版　　2020年3月第1次印刷 |
| 书　　号 | ISBN 978-7-5221-0487-4 |
| 定　　价 | 49.00元 |

发行电话：010-68452845　　　　版权所有　　侵权必究

# 前　言

　　智慧时代是信息时代发展的高级阶段，与此对应，国内高校图书馆在经历数字时代的变革与发展之后，现在正处于后数字时代的转型阶段与智慧时代的初级发展阶段。综合来看，当前国内高校图书馆是数字时代的图书馆形态，但已经初步具备智慧时代图书馆的特征以及发展趋势，因此国内高校图书馆如何从数字时代完美过渡到智慧时代将是今后研究的重要课题。

　　基于智慧时代的高校图书馆服务创新是优化与创新用户服务的重要内容，也是高校图书馆实现功能创新与转型超越的关键。当前，国内基于智慧时代高校图书馆服务创新的相关学术成果较少，可参考的资料也相对有限。作为高校的图书专门机构，高校图书馆不仅需要搜集、整理相关的图书资料，还需要有序、有效地将这些资源提供给相应的服务人群。总体来看，高校图书馆的服务人群既包括高校的师生，又包括科研院所、企事业单位等。为了更好地满足这些人群的需求，高校图书馆必须提高管理和服务水平，如充分发挥传统的知识组织功能，依照学校的学科设置进行信息资源建设，建立与学科专业设置相适应的体系完整、类型丰富的知识门类；通过收集、保存、传播各学科的知识，满足学校教学科研对文献信息资源的需求，同时为师生提供强有力的科研与创新支持，如课题咨询、科技查新、查收查引、专利服务、知识产权服务、竞争情报服务、科研态势分析、科研工具应用、决策支持、数据支持、学科服务等。

　　另外，高校图书馆也是校园文化建设的重要组成部分，承担着传播文化、提高大学生综合素养的重要职责。一方面，丰富的馆藏资源对人类文化的传承起着不可估量的作用；另一方面，图书馆是校园文化的活动中心，通过举办读书活动、学术沙龙、名家讲座、书画展览、音乐欣赏、电影展映等活动，可以提升学生的人文素养，彰显图书馆的文化品位，打造校园文化品牌。在这些新功能的影响下，高校图书馆正逐步突破传统服务范式的藩篱，探索用户服务的新模式和新手段，逐渐构建成更为系统化、多元化的用户服务体系。

　　本书探讨了国内高校图书馆的服务创新体系和运行模式，并在此基础上提出构建国内高校图书馆服务创新的具体策略，希望对我国高校图书馆的用户服务建设具有借鉴意义。

# 目　录

# 第一章　智慧时代的高校图书馆服务概述

## 第一节　智慧时代与高校图书馆服务概述

### 一、智慧时代的内涵及特征

"智慧"一词贯穿古今，智慧时代是在传统智慧的基础上，融合新技术、新人文、新发展而产生新智慧、新理念、新变通的时代。智慧时代不但囊括智慧技术对社会发展的惠泽，而且是人类社会和谐、共存、生机、人本以及可持续发展的理想模式。

智慧时代应包括五个主要特征：以技术应用为支撑的智能性；以知识创新为内容的创新性；以尊重和体现人的需求和价值为本质的人本性；以开放、自由、向上、热情、活力为象征的生机性；以绿色发展、低碳节能为目标的可持续发展性。

第一，智能性。以移动技术、物联网及云计算的应用为主要支撑，同时包括数据挖掘技术、社交网络技术等的支持。智能性主要体现在智能化、互联化和物联化三个方面，在此基础上，世界将逐渐实现全面互联、立体感知和智能融合。

第二，创新性。以创新知识服务为主要内容，面向新信息环境。创新模式由以生产者为中心向以用户为中心转变，以大众创新、协同创新、开放创新的用户参与为主要特点，强调知识和创新在社会发展与建设过程中的重要作用。

第三，人本性。智慧时代强调人的价值，尊重人的需求，注重人的参与，以"人"为基点进行整个社会建设和运行机制的顶层设计。服务在智慧时代与传统时代体现出的最大区别，是传统时代的服务是公众性、群体性的，适应大部分用户的一般需求，而智慧时代尊重个体的选择，针对个体的需要提供面向此时此地的、针对性的服务，注重与用户一起完善服务、设计服务、创造服务。

第四，生机性。智慧时代是象征创新涌现、融合、协同、开放、自由、活力、向上的社会形态，是一个充满生机勃勃和生命力的时代。

第五，可持续发展性。智慧时代与传统时代最大的不同就是它实现了人与物、人与社会、人与自然的智能融合，为世界的可持续发展、可持续创新创造了充分的条件。

## 二、图书馆服务概述

长期以来，图书馆界对图书馆服务进行了各方面的研究和实践，有时也把图书馆读者服务混同于图书馆读者工作，将对读者工作的研究代替对图书馆服务的研究。我国改革开放以来，有关图书馆服务的理论研究得到改善，各种图书馆服务理论得到深化。

### （一）图书馆服务的内涵

《中国大百科全书·图书馆学 情报学 档案学》中将图书馆服务定义为"图书馆利用馆藏和设施直接向读者提供文献和情报的一系列活动，有时也称图书馆读者工作"，其外延是"现代图书馆不仅通过阅览和外借的方法为读者提供印刷型书刊资料，还提供缩微复制、参考咨询、编译报道、情报检索、情报服务、定题情报检索以及宣传文献情报知识的专题讲座、展览等服务"。

袁琳对图书馆服务的界定是"图书馆根据读者的文献需求，充分利用图书馆资源直接向读者提供文献和信息的一系列活动"。同时，她把读者服务、读者工作和图书馆服务三者基本等同起来。

毕九江认为："图书馆服务是为满足读者的信息需求而开展的各项工作，服务可以划分为信息资源提供服务、信息咨询服务两类，图书馆服务的内涵并不单指为满足读者的信息需求而开展的各项工作，还应包括图书馆的服务理念、服务质量、服务环境以及在图书馆服务过程中工作人员的业务能力、服务态度等。"

综合来讲，图书馆服务就是图书馆为了满足社会和用户的文献信息等多方面需求，利用自身的资源，运用多种方法所开展的一系列服务活动。现代图书馆服务具有几个共同的结构因素：一是图书馆的服务对象——以读者为主体的社会各种组织和个人，其中某些个人和单位可能不是图书馆文献信息资源的利用者；二是图书馆资源，也称图书馆服务资源，它是图书馆开展服务的基础条件，主要包括文献信息资源、人力资源、设施资源以及其他一切可以为社会和个人所利用的资源；三是满足社会和用户需要的各种服务手段和方式，它是图书馆服务实现的前提条件。这样一个定义，既符合目前图书馆服务工作的实际，又符合图书馆服务功能开放性发展的趋势。

（二）图书馆服务的组成要素

图书馆服务的组成要素通常有四个，这四个要素相互联系、相互作用，有效保证了图书馆各项服务工作不断变革、不断发展、不断适应读者日益发展的多元化、多层次的信息需求。

1. 服务对象

读者是图书馆服务的对象，是文献信息资源的使用者，通常也被称为文献信息用户。读者是一个非常广泛的社会概念。对图书馆来说，读者通常指通过一定方式获得授权，从而具有利用图书馆各种资源权利的一切社会成员。个人、集体和单位都可以成为图书馆的读者。读者既是图书馆文献信息的利用者，又是图书馆文献的接受者，离开了读者对文献信息的利用，就不会产生读者服务活动。

2. 服务的基础资源

基础资源是服务工作不可缺少的物质和人力条件保障。除了馆舍、软硬件、馆员等一般要素外，作为社会特殊行业的图书馆，其服务的根本基础是图书馆拥有的信息资源，这是开展一切读者服务工作的前提条件。图书馆信息资源的内容十分丰富而广泛，它是图书馆按照自己的读者群体和服务任务，通过长期建设而形成的巨大的知识宝库。图书馆的信息资源通常具有三个基本特征：一是拥有海量的文献资源，包括传统的印刷型馆藏文献和强大的数据库群；二是拥有的信息资源具有相互支撑、相互关联的科学体系；三是拥有的资源通过各种联盟体系与外界资源构成纵横交错的联合保障体系。图书馆之所以能够拥有规模不等、不断成长的读者群体，原因就在于读者群体通过图书馆能够获得从其他社会机构和渠道难以得到的信息资源保障。因此，图书馆的文献资源体系是图书馆履行社会职能，赖以生存和发展的根本条件。

3. 服务方法

图书馆服务方法是指为满足读者特定的文献需求，采用各种文献信息服务方式和手段所构成的多层次、多功能服务的有机整体。它是读者服务工作得以实现的基本保障，也是图书馆服务的基本手段。图书馆服务方法的形成，既是社会分工发展的产物，又是自身演变的结果。各种服务方法相对独立，同时相互渗透、相互联系，具有相对独立的功能、效果和适用范围。同时，各种服务方法之间相互补充、共同发展。图书馆服务方法主要包括图书、报刊等文献的外借服务、阅览服务、复制服务、参考咨询服务、数字资源的网络信息服务等。随着社会对文献信息的广泛应用，图书馆的服务体系也会不断得到提升和丰富。

4. 组织管理

组织管理是图书馆服务工作顺利进行的有效保证。图书馆服务的组织管理是指以先进的服务理念为指导，充分应用现代的科学方法和管理技术，对读者服务活动进行科学计划、组织、指挥、协调、控制的过程。图书馆服务的组织管理既贯穿整个服务活动过程，又贯穿图书馆工作的全部过程，其实质是有效地运用人力、物力、财力等基本因素，对图书馆服务系统的不断运动、发展和变化进行有目的、有意义的控制，以达到最大限度地满足社会文献信息需求的总体目标。

（三）图书馆服务的分类

针对图书馆的职能和读者的利用功能，图书馆服务可以分为两大类。

1. 图书馆文献信息服务

图书馆利用文献信息资源直接向用户提供文献和信息的一系列活动，均属于图书馆文献信息服务。对于大多数图书馆而言，文献信息服务是服务的最主要内容，如文献外借、阅览、文献检索、数据库访问等。在很长一个时期里，图书馆丰富、独特且经过科学组织的文献信息资源保证了其在提供文献信息服务方面具有自己的优势。进入网络时代后，图书馆文献信息服务增加了新的内容，即利用网络获取不属于本馆馆藏的信息，为用户提供网络文献信息服务。

2. 图书馆非文献信息服务

图书馆非文献信息服务是指依赖图书馆员工及图书馆建筑设备等资源提供的服务，主要包括由图书馆员对读者提供的参考咨询、社会教育以及利用图书馆建筑设备为读者提供的娱乐休闲服务。图书馆拥有训练有素、长期从事信息服务的馆员，这些馆员除了为用户提供文献信息外，还能利用自己的知识与技能，对用户提供参考咨询或社会教育服务。图书馆还具备场地功能，如公共图书馆的场地是一个市民的公共空间，机构图书馆场地是机构所服务对象的共有空间。图书馆管理者可以利用这个空间提供各种服务，用户既可以在这个空间里阅读或学习，又可利用它进行娱乐与休闲活动。

（四）图书馆服务的发展进程

图书馆服务经历了从封闭到开放，从仅提供一次文献到提供一、二、三次文献服务，从借阅服务到参考服务，从坐等服务到主动推送服务，从信息服务到知识服务，从完全无偿服务到出现有偿服务，从按时服务到即时服务，从在馆服务到多馆服务、馆外服务，从在线服务到全球服务的漫长过程。综合来看，其服务与方式大体经历了以下五种形态，并在整体上呈现阶梯层次，其中的每一个较高层次都源于较低层次，但呈现出优于较低层次的新的特征。

1. 文献实体服务

在两河流域约公元前 3 000 年的古巴比伦王朝的一座寺庙废墟附近，考古人员发现有泥版文献被集中在一起，这便是已知的最早的图书馆。直到近代印刷革命和产业革命之前，古代的图书馆无论是西方的尼尼微皇宫图书馆、亚历山大图书馆、欧洲中世纪的寺院图书馆，还是中国殷商时期的"窖"藏甲骨、周代的守藏室、隋唐的书院，在整体上都表现出对社会的封闭性，由此便决定了古代图书馆以文献实体服务为特色的服务内容与方式。

2. 书目信息服务

书目的根本特点在于其组织的不是信息资料本身，而是关于它们的信息。人们对文献实体分离出关于文献的信息，并克服了文献与需求者的矛盾，以达到统一记录和组织这些文献信息的目的，这是一切书目活动历史的和逻辑的出发点。

在我国，由于纸质载体和印刷技术的发明，古代文献卷帙浩繁，书目信息工作由来已久。在西方，书目信息服务大体上与近代图书馆的发展同步。西方近代图书馆起源于文艺复兴和宗教改革时期。欧洲进入资本主义社会后，大机器生产需要有文化的工人的参与，教育开始普及到平民，文献生产能力大大提高，从而使一些全国性的图书馆对外开放。17 世纪，德国图书馆学家 G. 诺德提出图书馆不应仅为特权阶层服务，而应向"一切想来图书馆学习的人开放"。19 世纪中期，以英、法等国为代表的工业革命基本完成，科技革命迅速发展，以英国的《哲学汇刊》(1665)、德国的《药学总览》(1830)、美国的《工程索引》(1884)等为代表的科技书刊和文献索引纷纷出现。西方的目录学也正是在这样的经济、科技的基础上获得了快速发展。以 1895年世界性的目录学组织国际目录学会的成立为标志，世界目录学实现了从传统目录学向现代目录学的转变。

与此同时，除了传统的文献实体服务外，各种书目信息工作、服务和管理在图书馆中开始活跃起来，尤其是分类目录、卡片目录、各种二次文献信息产品的开发、新到书刊目录报道、推荐书目服务以及相关的书目控制、书目情报系统建设等逐步成为图书馆活动和服务的中心工作。

3. 参考咨询服务

参考咨询是指图书馆员利用文献对用户在寻求知识、信息方面提供帮助的活动。它是以协助检索、解答咨询和专题文献报道等方式向读者提供事实、数据和文献检索。参考咨询更加强调图书馆的情报职能，更为注重用户的信息需求，它将书目信息服务提升为不仅为用户提供书目工具，而且可以解决实际问题。

20世纪初，多数大型图书馆成立了参考咨询部门，并逐渐成为图书馆服务中的一项重要内容。随着文献信息的激增和用户需求的增长，早期的指导利用图书馆和书目解答问题等服务内容逐渐发展到从多种文献信息源中查找、分析、评价和重新组织情报资料，到20世纪40年代，其服务项目又囊括了回答事实性咨询，编制书目、文摘，进行专题文献检索，提供文献代译和综述。

4. 信息检索服务

20世纪中后期，一些图书馆开始利用计算机和现代通信技术建成各种文献数据库、数值数据库和事实数据库，并逐步实现了联机检索，使参考咨询服务中的部分工作自动化，而参考咨询工作的流程，即接受咨询、进行查询、提供答案、建立咨询档案等，也为信息检索服务的方法和策略提供了一种框架。这些都使信息检索服务方式呼之欲出。1945年，美国科学家V.布什首次提出了机械化检索文献缩微品的设想；1948年，美国数学家C. N.莫尔斯提出了信息检索的概念和思想；英国文献学家S. C.布拉德福于1948年发表了《文献工作内容的改进和扩展》一文，强调了自19世纪90年代到20世纪40年代蓬勃发展的文献工作所面临的必须革新的局面。这些都促成了图书馆文献服务内容与方式从文献实体或文献信息为主体向信息资源为核心的历史性转移。

随着检索的智能化、数据挖掘、知识发现的发展，以及各类信息咨询和信息调查机构的兴起，全文本、多媒体、多原理和自动化等新型检索方式将会取得长足的进步，信息检索服务将演变成图书馆网络化知识服务的基础和手段。

5. 网络化知识服务

网络化知识服务是与信息资源的网络化、知识经济和技术创新的社会背景息息相关的，也是信息检索服务发展的必然结果。20世纪90年代之后，随着网络技术的发展和普及，图书馆的数字化、信息资源的网络化、信息系统的虚拟化，以及各种非公益性的信息机构将包括文献信息检索传递在内的信息服务直接提供给最终用户，导致信息交流体系和信息服务市场的重组，图书馆对信息服务的垄断地位也不复存在。这些都促使图书馆必须迅速调整和充实服务的内容和策略，重新定位其核心竞争能力，使现有的以信息检索为核心的服务方式向网络化知识服务方式转变，以保证其在数字化、网络化环境中的社会贡献、用户来源和市场地位。

网络化知识服务是图书馆信息服务的高级阶段，是一种基于网络平台和各类信息资源（馆藏物理资源和网络虚拟资源），以用户需求目标驱动的、面向知识内容的、融入用户决策过程中并帮助用户找到或形成问题解决方案的增值服务。网络化知识服务具有个性化、专业化、决策性、整合性和全球化等特征，基本上属于单向或多向主动型服务。

### 三、智慧时代对高校图书馆服务的影响

高校图书馆是图书馆系统的重要组成部分，而服务作为图书馆发展与建设的重要内容，是高校图书馆实现其功能与宗旨的关键，提供满足用户需求的优质服务是图书馆建设与发展的最终目标。智慧时代的来临对高校图书馆的服务建设既是机遇又是挑战。新信息技术的发展以及新信息环境的变化对高校图书馆服务建设的影响主要表现在以下方面：

第一，在服务方式上，传统的高校图书馆服务方式主要以图书馆自动化集成系统为主导，并在此基础上向到馆用户提供借阅、检索、咨询服务。智慧时代，图书馆的服务方式在原来的基础上开始向结合 Web 2.0 与智慧技术的"自助服务""主动推送服务""集群协同服务""移动开放服务"等智慧服务手段转变，如基于 RFID 技术下的自助图书馆、基于移动通信技术的移动服务、基于云计算技术的高校图书馆资源共建共享服务等。

第二，在服务内容上，传统的高校图书馆服务内容主要集中在检索借阅和基础参考咨询等服务上。在智慧时代背景下，伴随智能信息处理技术的发展以及物联网、云计算的建设和发展，高校图书馆在服务内容的建设上突破了单一的服务内容，趋于多样化、专深化、整合化、共享化发展。资源内容的提供方式向知识服务发展，咨询服务向虚拟参考服务方式发展，基于场所的服务向智能空间、第三空间服务发展。

第三，在服务理念上，传统高校图书馆的服务理念主要是从将图书馆作为信息中心的角度，向用户提供资源服务，服务理念较为传统、封闭和被动。智慧时代的产生使高校图书馆传统的"重藏轻用"的服务理念向"以用户为中心""注重用户参与和协同共建""可持续发展创新"的理念转变，国内外高校图书馆在服务实践上的创新，如 IC 信息共享空间的建设、学科服务的建设以及"智慧图书馆"项目的建设都是这一理念的重要实践。

第四，在服务用户上，高校图书馆的主要用户是学生用户群体和教职工用户群体，智慧时代下的信息环境特点使高校图书馆用户群体扩大（还包括企业科研人员、社会群体），用户信息素质提升，自我服务意识增强，隐性的信息需求得到激发，对高校图书馆服务提出了更高的要求。如何满足新信息环境下用户个性化、即时化、交

互化、全面化的信息需求是当前高校图书馆服务建设面临的重要挑战和课题。

## 四、智慧时代高校图书馆服务创新的必要性

当前，高校图书馆的建设与发展既面临机遇又存在挑战，在实际的用户服务过程中还存在很多问题与不足。智慧时代的服务创新为高校图书馆的服务建设提供了新的思路与发展机遇，这也是高校图书馆的未来转型与发展的必要与关键。

### （一）更好地满足高校图书馆用户的信息需求

高校图书馆用户由于其专业背景和教育背景不同，在资源类型上要求全面、多样化的信息资源。在资源内容上要求专深、交叉、整合的知识内容，在资源服务方式上要求主动化、交互化、个性化、学科化、一站式的服务方式。高校图书馆传统的信息服务主要是适应大众的、群体化的服务，并且服务方式和服务内容相对基础和单一，已经无法与用户新的信息需求与信息行为相适应。新信息环境的来临与变化使高校图书馆用户的信息需求呈现新的特征，基于智慧时代的高校图书馆服务创新能够更好地满足用户信息需求。

第一，满足用户的个性化需求。智慧时代，人们对个体选择被满足、被尊重的需求越来越强烈。信息需求不再是大家通用，而是要求针对个人需求的。智慧时代的高校图书馆服务创新能够提供针对用户个性、知识结构、从属行业、行为方式的信息，并且强调提供面对此时、此地、此场景的服务。

第二，提供多元化服务。智慧时代是走向开放融合的时代，用户对信息服务的要求强调多元化，不仅要求在服务内容上多元化，还要求在服务方式上多元化。智慧时代的高校图书馆服务丰富并创新了服务内容与服务方式，能够根据高校图书馆的用户学科背景提供多样化的信息资源与服务方式，具体表现在提供多样化文献载体、多语种文献服务、多样化检索方式、多元化服务类型等主要方面。

第三，提供"懒人化"的资源利用方式。"懒人化"是人类最基本的行为选择法则——最小省力法则的体现，其在信息服务方式的选择上主要体现为获取便利性和易用性。商业信息服务机构的日趋成熟和因特网的发展使人们获取信息的渠道呈现多元化，方式的便利性逐渐成为人们考虑使用的首要因素。智慧技术的出现为高校图书馆的资源服务与创新服务提供了实现高效便利的可能性，使用户可以在最短的时间以最快捷简单的方式获取所需要的服务，利用所需要的资源。

第四，提供专深化的资源服务。高校图书馆用户主要集中于教师与学生群体，其科研需求和学习需求要求图书馆提供的信息服务不能只是简单地停留在检索和借阅层

面上，而是需要经过加工和处理的整合化的信息资源，需要最新的学术动态和学术趋势分析，以支持科研任务和学习任务。因此，专深化是高校图书馆用户信息资源需求的重要特点。而随着智能信息处理技术的发展，知识服务不断深化与创新，已经能够向用户提供更具针对性的，经过分析、处理的有序信息与知识成果。

第五，满足用户的即时化信息需求。在大数据环境下，信息更替速度呈量级增长，全球信息增长速度每年超过50%，并且以更快的速度发展。高校图书馆用户呈现出全天24小时期待信息、交流和娱乐以及获得相应的回应的特征。由于其科研任务和学习任务的需求，他们更需要最新的学术动态和学科发展趋势信息支持自己的学术研究。移动图书馆服务的开展、基于物联网技术与云计算的图书馆服务创新为信息资源的即时化提供与共享创造了条件，使用户能够在任何时间、任何地点查看图书馆信息资源并获取信息服务。

综上所述，智慧时代高校图书馆的服务创新是高校用户在新信息环境变化下信息需求转变的客观要求，只有注重用户服务创新，才能更好地满足高校用户的新信息需求，更好地应对智慧时代高校图书馆转型与突破的挑战。

### （二）弥补当前高校图书馆现行服务模式的不足

当前，高校图书馆主要以复合图书馆的形态存在，是传统图书馆与数字图书馆的结合形态。笔者通过文献资料的整理和网站访问总结出当前高校图书馆服务的主要模式及其不足，主要内容如下。

第一，大众化服务模式。当前，高校图书馆提供的服务主要是面向大众的、群体化的服务，其服务内容和服务方式没有针对性，适用于所有用户，与当前用户需求个性化、专深化，期待面向此时、此地、此场景的服务需求相差甚远，所提供的信息服务不够深入，不具有针对性。

第二，被动化服务模式。当前，高校图书馆的服务主要以实体馆藏资源为主，坐等用户到馆寻求图书馆服务，服务方式被动，缺乏与用户的互动和沟通，与当前信息环境下用户需求个性化、即时化的特征相背离。随着互联网技术的发展和网络信息服务的完善，用户信息行为呈现懒人化趋势，寻求以最方便、最省力、最节约时间的方式获取信息的特征越来越明显，但图书馆在主动推送信息服务、为用户定制信息服务的实践方面还需要进一步探索。

第三，单一化服务模式。随着用户信息需求的转变，高校图书馆在创新图书馆服务方面进行了诸多尝试，由传统的提供检索借阅、参考咨询向学科馆员、知识导航、IC等多样化服务发展。但是，具体服务类型的深度与国外高校图书馆的实践还存在一定差距，服务内容、服务方式和服务主体都略显单一和粗糙，停留在基本的浏览、借阅、检索等简单的服务层面。

第四，分散式服务模式。服务部门设置分散，用户往往需要往返于各个部门才能最终获取所需要的信息服务；资源分散，馆内资源、馆际资源以及网络资源的整合力度低，集成度低，缺乏跨库的一站式检索，用户在需要专业的文献资源时，往往需要在不同的资源部门、不同的资源系统、不同的检索界面进行来回切换，这大大降低了资源的获取与使用效率。

此外，大部分高校图书馆的人才引进方式和人才培养方式尚不能满足高校图书馆在智慧时代背景下的服务建设需求。智慧时代高校图书馆的服务创新在服务方式、服务内容、服务理念和用户等方面都对传统高校图书馆的服务进行了改革和创新，能够有效弥补当前高校图书馆用户服务存在的主要不足，更加注重用户的个性化服务与主动服务，提供多样化的信息服务。

### （三）实现转型与超越，助力智慧校园建设

基于智慧时代的高校图书馆服务创新是实现转型与超越的需要。伴随网络信息服务的发展，高校图书馆传统的信息服务功能正在逐渐被弱化。新信息环境下，用户信息需求的不断变化使高校图书馆的转型与超越迫在眉睫。高校图书馆基于智慧时代的服务创新体现了高校用户群新信息需求的特征，为图书馆实现功能转型和角色创新提供了新思路，注入了新活力。基于智慧时代的图书馆服务创新是未来图书馆发展模式——智慧图书馆建设的基础和需要，也是实现这一顶层设计目标的重要内容。

基于智慧时代的高校图书馆服务创新为智慧校园的建设提供了有力支持。图书馆是高校的重要组成部分，基于智慧时代的高校图书馆服务创新能够为智慧校园建设提供泛在智能的学习环境支持，提供无处不在的网络学习与融合创新的网络科研支持，包括融入教学的智能学习环境支持、融入科研的学科服务平台、不受时空限制的移动图书馆服务等。高校图书馆服务创新能够有效助力智慧校园建设，为智慧校园更好地实现泛在智能的学习环境，协同创新的科研网络，法治、高效的校务管理，丰富多彩的文化氛围，活力人性的校园生活提供有效支持。

## 五、智慧时代高校图书馆服务创新的内容与方法

### （一）服务创新理念

智慧时代高校图书馆服务创新的目标主要包括四个方面：一是实现高校图书馆的功能创新和角色创新，完成转型与超越；二是与智慧校园或者智慧教育建设齐头并

进，相辅相成，实现共建融合和发展；三是提供符合用户实际需求的智能化、个性化、多样化、知识化与绿色化服务，最大化地满足用户需求；四是实现高校图书馆的可持续创新发展。综合来看，要实现智慧时代高校图书馆服务创新的目标，必须建立科学的服务创新理念。

第一，以用户为中心。智慧时代注重人本性，强调以"人"为基点进行整个社会建设与运行机制的顶层设计。秉承这一理念，高校图书馆服务创新模式应从以文献资源建设为中心的基础模式转向以用户服务为中心的智慧模式。智慧时代注重用户的智慧参与，强调公众价值和个人价值的塑造。高校图书馆服务创新的建设只有以用户为中心才能体现智慧时代以人为本的本质追求。

第二，泛在服务。泛在服务是智慧时代对高校图书馆服务创新提出的基本要求，是图书馆实现智慧服务的重要内容。泛在服务的实现需要高度智能化的技术支撑，尤其是网络通信基础架构的建设。施乐公司首席科学家 Mark Weiser 认为："最具深远意义的技术是那些从人们视野中消失的技术，这些技术已经渗透到人们的日常生活中，以致和生活难舍难分。"智慧时代高校图书馆服务创新的目标是让用户享受泛在化服务的同时忘记技术本身的存在，如同人们使用文字一样自然习惯以致忘记其本身也是一种技术。

第三，大同融合。智慧时代是技术大同的时代，技术大同导致业务融合，反映到高校图书馆服务中表现为服务集成化、资源共享化、资源整合化和用户服务交互化。高校图书馆用户需要更加高效集成的信息服务，而冗杂分割的服务体系导致的用户流失会让服务本身失去存在意义。技术大同环境下，人们以融合的方式共建共享信息资源与信息服务，这种协同共享模式能够促进个性化服务的发展，使人们的个体选择得到尊重与实现。

第四，可持续发展。高校图书馆服务创新的建设必须与图书馆未来的发展趋势和顶层设计目标相结合，只有这样才不会导致重复建设与资源浪费。可持续发展主要体现在绿色节能和低碳环保两个方面，体现在以最小的成本和投入实现效益最大化上，体现在当前的建设能为后续发展建设服务上。智慧时代的本质是通过智能技术，以更低的成本保证整个系统的健康、高效、绿色、持续运行，这也是高校图书馆在智慧时代服务创新的目标。

第五，安全可靠。安全可靠强调的是用户隐私和信息安全。随着智慧技术的应用，大数据时代的到来，用户隐私和信息安全问题随之而来。高校图书馆在给用户提供智能高效服务的同时，必须重视用户信息如何在大数据的环境下得到保护和尊重。

这是一个必须引起重视和思考的问题，除了加大安全技术的研发外，从人文和社会管理层面上与用户读者建立相互信任的机制显得尤为重要。高校图书馆必须与用户一起认真思考、统一协商，并最终做出决定。

#### （二）服务创新内容

综合智慧时代的内涵特征以及高校图书馆服务创新的理念，本书探讨的高校图书馆的服务创新主要从基于新信息技术的服务创新、基于空间的服务创新和基于知识服务的创新角度出发来构建智慧时代高校图书馆的服务创新体系。

基于新信息技术的服务创新主要指的是基于物联网、云计算技术以及移动通信技术下的高校图书馆服务创新。早在 2003 年，芬兰奥卢大学图书馆（Library of University of Oulu）在一项名为"Smart Library"的服务中，就提出将学生的位置信息融入图书馆的服务，根据学生所在的位置提供基于地点感知的图书馆服务。随后 Aittola 发表了题为《智慧图书馆：基于位置感知的移动图书馆服务》的会议论文，指出"Smart Library"是一个不受时空限制且可被感知的移动图书馆服务，它可以帮助用户随时随地找到所需的信息资源。可见，智慧时代的图书馆服务离不开移动图书馆的服务创新。我国首个推出移动图书馆服务的高校是北京理工大学。新信息技术的发展为高校图书馆服务建设创新了服务方式和服务内容，合理利用新兴技术给高校图书馆带来的有利影响将有助于其更好地实现服务创新和突破。

基于知识服务的创新模式主要指的是在新信息环境下针对高校图书馆用户新信息需求而进行的知识服务优化与创新。高校图书馆用户由于其学习科研的需求，对知识服务的需求更为突出和强烈，强调知识服务的全面性、专业性、系统性、持续性与前沿性。知识服务指的是根据用户的信息需求与所处的信息环境，高校图书馆利用自身拥有的信息产品、知识资源以及知识设备，以知识搜集、整理、分析、整合与重组为基础，提供满足用户信息需求的知识产品与服务，提供参与到用户解决问题的整个过程中的"一站式"综合服务，是面向用户目标、面向知识内容、面向解决方案、贯穿解决用户问题整个过程的服务，是基于分布式、多样化动态资源的系统服务，而不是基于固有资源或系统的服务，具有专业化、个性化、泛在化、增值化、合作化、集成化以及全过程一体化的特征。优化和创新知识服务是高校图书馆服务建设的核心竞争力。

#### （三）服务创新方法

智慧时代高校图书馆的服务创新建设要结合各个学校的学科专业设置情况，依据其图书馆的实际建设与发展情况，结合用户信息需求具体构建，笔者认为当前我国高校图书馆服务创新的主要建设方法包括以下几点。

第一，基于原有服务和空间，优化改造与创新。这种方法是对现有的高校图书馆服务和空间进行优化改造，包括已经开展的移动图书馆服务、知识服务以及现有的电子阅览室、研讨空间服务等。结合智慧时代高校图书馆的新服务理念和用户的新信息需求，应从新的维度全方位拓展新功能，改造和优化原有的服务，而基于原有空间与服务的优化改造不仅节约了成本投入，还充分利用与整合了图书馆资源，实现了高校图书馆服务的功能再造与创新。

第二，应用新技术，拓展新服务。这种方法主要是指利用新信息技术创新图书馆服务方式、服务内容，实现高校图书馆服务创新，包括引进 RFID 技术和云计算技术；采用新的服务设备和终端；结合移动网络技术的发展，拓展移动图书馆新功能；等等。新技术的研发和应用是高校图书馆更好地实现立体互联、全面感知、泛在智能的智慧服务的关键。

第三，寻求合作，实现效益最大化与最优化。与其他图书馆或者第三方合作机构共建（合作联盟模式），这种方法立足于高校图书馆现有的资源、技术和服务，能够有效整合馆内资源和馆外资源，弥补自身不足。其主要模式包括与校内其他机构、其他图书馆、非营利性第三方机构、商业机构（如数据库系统商、系统开发商、网络运营商）间的合作建设，通过开展与利益相关者的有效合作，寻求图书馆服务的效益最大化和最优化。

# 第二节　图书馆服务理念与内容

## 一、图书馆服务理念

服务理念是指人们从事服务活动的主导思想，即服务主张和服务理想。图书馆服务理念是图书馆开展服务工作的理论依据和行动准则，它不仅是"为建立理想的用户关系、赢得用户信任所确定的基本信念和价值标准，同时是馆员在从事服务工作中应遵循的基本信念和准则"。树立正确的服务理念，为用户提供满意优质的服务，将永远是图书馆的头等大事。从 19 世纪 50 年代开始，在 160 多年的发展历程中，图书馆的服务理念也随着时代的演变不断深化、完善。

## （一）"读者第一、服务至上"理念

我国的图书馆服务理念出现较晚，从"五四运动"前后担任北京大学图书部主任的李大钊提出"现在图书馆已经不是藏书的地方，而为教育的机关"以及随后各大学图书馆的发展，到二十世纪五六十年代提出"千方百计为读者服务""一切为了读者""最大限度地满足读者的借阅要求"，再到二十世纪八九十年代提出"读者第一、服务至上"的口号，最终一个以"读者第一"为最高理念的进步开放的读者服务观念基本形成。

## （二）图书馆服务的"新五定律"

南开大学柯平教授提出了建立图书馆服务的"新五定律"：第一定律是"全心全意地为每一个读者或用户服务"，强调依然要从思想上树立"以读者或用户为中心"的服务理念；第二定律是"服务是'效率、质量与效用'的统一"，强调服务过程中要注意"效率""质量""效用"，三者缺一不可，既要保证质量和效用，又要节省读者时间；第三定律是"提高读者和用户的素养"，强调图书馆应采取各种有效措施，努力提高读者和用户的各方面技能与素养，以保证其能自如获取图书馆提供的各种知识与信息；第四定律是"努力保障知识与信息的自由存取"，强调图书馆服务的最高境界和目标；第五定律是"传承人类文化"，强调图书馆服务的长远目标是促进生产力的发展和社会的进步，促进人类文化的发展。

## （三）图书馆学 2.0 五定律

2006年3月，范并思提出了图书馆学2.0五定律。第一定律是"图书馆提供参与、共享的人性化服务"，指出 Lib 2.0 所实现的不仅是提供人性化的服务，将人文理念自觉地运用于信息技术中，使用户在图书馆服务和利用服务的方式上拥有更多的自主权，能够更好地相互分享，还要创造条件让用户积极参与。共享与参与的理念已成为图书馆在网络时代存在的基础。这个原则是阮氏的"书是为了用的"在新的网络环境下的应用与拓展；第二定律是"图书馆没有障碍"。它表明人们在使用图书馆时要没有障碍，每个人都可便利地获得其想要的信息。这个原则是与阮氏的第二定律"每个读者有其书"相对应的；第三定律是"图书馆无处不在"。在信息时代，只有实现了图书馆无处不在，才能真正体现"每本书有其读者"的精神；第四定律是"无缝的用户体验"。对用户而言，图书馆提供的资源与服务是一体的，它是网络环境下节省用户时间的最高境界。它是阮氏第四定律"节省读者的时间"在新时期的另一种表述；第五定律是"永远的 Beta 版"。它体现为图书馆信息资源与信息系统的永续生长，"永远的 Beta 版"的 Web 2.0 术语准确地描述了在网络时代"图书馆是一个生长着的有机体"这个时代特征。

从以上这些定律的提出可以看出，服务是贯穿图书馆发展始终的主要动力，服务的内涵随着时代的需求不断变更和升华。但无论图书馆如何发展、发展形态如何改变，唯一不变的是图书馆的服务宗旨，服务始终都是第一位的。"以人为本""服务第一"的理念是图书馆改革和发展的出发点和归宿，也是现代图书馆服务的最高理念。

## 二、图书馆服务的特点和内容

### （一）图书馆服务的特点

在图书馆的建设与发展中，技术的进步与广泛应用从根本上给图书馆的服务观念和服务方式带来了巨大的变革。技术的进步改变了图书馆的资源建设模式，开拓了图书馆的服务领域和方法，也促进了图书馆在信息资源共建、共知与共享领域的全面合作和服务。随着社会的发展，科技水平日新月异，计算机和网络快速普及，图书馆的服务呈现出新的特点，具体如下。

1. 服务虚拟化

随着现代信息网络技术的广泛应用，建立在虚拟馆藏资源和虚拟信息系统机制上的新型信息服务模式逐渐形成。这种虚拟化的服务彻底改变了以文献信息资源为主线的传统图书馆服务模式，使图书馆的服务始终处于一个动态和虚拟的信息环境中。通过网络传输，图书馆既可以利用自有或自建的数字化馆藏资源，又可以利用电子邮件资源、网络新闻资源、FTP 资源、WWW 资源、Gopher 资源等多种互联网资源，这种无形的、即时的虚拟化信息服务突破了时空限制，使图书馆为读者提供无所不在的信息服务成为可能。因此，服务虚拟化包括服务资源的虚拟化（信息资源的数字化、虚拟化）和服务方式的虚拟化（由面对面的阵地服务转变为面向虚拟读者、虚拟环境的服务），其实质是图书馆由向具体人群提供实体文献服务转变为向非具体化读者提供虚拟的数字服务。

2. 文献多样化

随着数字资源的急剧增长，图书馆为读者服务的文献信息资源已呈现出印刷型文献与联机数据库、电子出版物、网络化信息资源并重的格局。信息载体多样化的发展打破了纸质文献一统天下的格局，也改变着读者利用文献的习惯与观念。读者对信息载体的需求已不再局限于印刷型文献，单一的纸质文献及其传递方式已不能满足读者多元化的信息需求，读者的信息需求越来越多地转向各种类型的数字资源。同时，以现代视频技术为手段而大量涌现的数字视频信息资源为人们获取丰富的多媒体信息创造了条件。因此，文献多样化使图书馆在文献保存、信息交流和教育的基础上极大地拓展了服务空间，使信息服务保障能力得到极大提升。

3. 信息共享化

网络及各种信息技术的广泛应用使图书馆信息服务的观念发生了巨大变化，也使人们逐渐从习惯依靠自己所熟悉的一个图书馆获取信息服务，走向依靠图书馆联盟乃至基于共享技术整合在一起的泛在云图书馆获取信息资源。现代图书馆不再是一个个孤立存在的信息实体，而是整个社会信息网络的一个个节点。图书馆之间的信息共享服务有了越来越大的空间和自由，其交互需求与作用也越来越大。共享思想与共享技术使信息资源共享服务从来没有像现在这样成为现代图书馆服务不可或缺的有机组成部分，从而使真正意义上的信息资源共享成为图书馆服务的重要特征。

4. 需求个性化

随着经济社会发展对信息需求的深度和广度的日益提高，读者对信息的个性化服务需求越来越突出，因此图书馆通过专业馆员队伍素质的提升、现代信息技术的广泛应用以及信息综合保障能力的快速提高，为读者提供定制化、自助性、全天候的个性化服务，已成为现代图书馆读者服务工作发展的主要方向。在这样的服务过程中，读者的自主性得到张扬，个性得到满足。这种个性化的服务正逐渐成为图书馆界追求的服务新理念。

5. 交流互动化

图书馆借助网络与通信技术和读者建立起了十分便捷有效的交流关系。一方面，图书馆可以及时、准确地掌握读者的信息需求动态；另一方面，读者也可以自由地向图书馆表达具体的信息需求。图书馆根据读者的信息需求，通过有目的地搜索、过滤、加工、整理，形成信息集合，以多种途径与形式主动发送到用户终端，可以满足读者的信息需求，使读者足不出户就可直接、快捷地从图书馆获取自己所需的信息，减少了操作的盲目性。同时，读者可以把个人的文献资源通过信息共享空间等渠道上传后提供给图书馆和其他读者，使图书馆与读者双方建立起通畅的互动交流机制。

6. 服务多元化

图书馆通过计算机技术、远程通信技术和网络信息处理技术有机结合建立的网络服务平台，从根本上改变了图书馆的信息资源开发、组织和控制调度状况，使读者可以方便地按主体客观需求在网络环境下集中获取所需信息，即在网络中将各类信息的获取方式融为一体，实现信息交流、查询、获取、阅读和发布的一站式集成化服务。在空间上，用户不仅可以到图书馆享受比以往任何时候都优越的读者服务，还可以不用亲自到图书馆，在家里或其他任何有网络的地方通过注册就可进入图书馆网页，查阅信息资源，变远距离为近距离，跨越空间的界限；在时间上，读者可以在任何时间通过有线或无线网络访问图书馆，也可以在同一个时间段内检索和借阅注册过的多家图书馆的资源，通过搜索、筛选，获得其最需要、最合适的信息资源。图书馆服务在总体上呈现出多元化、立体化、全天候的特征。

**（二）图书馆服务的内容**

在图书馆的各项业务工作中，围绕图书馆服务形成了一个内容丰富的完整工作体系：组织与研究读者是开展一切读者服务工作的前提条件和基础；科学组织各项服务工作，构建层次分明、体系完整、灵活多样、富有生机的读者服务工作体系，是实现读者服务工作目标的根本保障；组织各项宣传辅导活动、开展卓有成效的读者教育是充分发挥图书馆效能的有效途径；加强图书馆服务管理是顺利开展读者服务工作、有效实现上述任务的制度和组织保障。

1.研究读者与用户

研究读者是开展图书馆服务工作的重要内容和前提条件，它包括研究读者的文献需求和阅读规律两个主要方面。读者是图书馆这个社会组织的基本组成要素之一，是图书馆得以存在的根本。读者对图书馆的文献信息需求和利用规律最直接、最具体地体现了社会的需要，它是图书馆赖以生存的土壤，也是图书馆一切工作的出发点和归宿。

总之，开展读者研究有助于从总体上把握读者需求的特点和规律，提高图书馆服务的针对性，并对读者动机加以正确引导，不断改善和拓展图书馆服务的针对性。

（1）读者的文献需求研究

研究读者的文献需求就是对不同层次的读者在阅读需要、阅读目的、阅读过程中的特点及其规律进行研究。一般来说，不同层次的读者对信息资源的需求不同，读者在不同时期所需要的信息资源不同，其阅读的目的也不完全相同。此外，现代图书馆还需要特别关注读者对不同类型文献的需求差异、不同渠道获取信息的差异以及不同信息环境下的文献需求差异。

（2）读者的阅读规律研究

对读者的阅读规律方面的研究可以从两方面着手：一方面，对读者心理及行为规律进行研究，即对读者在鉴别、提取、利用信息过程中的行为习惯和阅读规律进行研究，它既包括对读者的阅读动机、阅读兴趣、阅读能力和阅读习惯的研究，也包括对读者的文献选择行为和文献获取行为的分析、使用各类型信息资源特点的研究、阅读效果的评估等；另一方面，要对读者信息素养及信息意识进行研究，包括社会的发展与变化对读者文献需求意识的影响、社会环境与读者需求结构的关系等。

2.组织读者

组织读者是图书馆为实现服务和管理目标而围绕服务工作实施的管理措施。它的主要任务是读者队伍的组织与发展，包括确定读者服务范围与服务重点、制定读者发展规划与计划、定期发展与登记读者、划分读者类型、掌握读者动态、组织与调整读者队伍等。

组织读者应根据图书馆的任务变化和环境变化，不断研究和掌握读者变化来展开。只有把握读者的阅读规律，掌握读者的阅读需求，才能使图书馆服务不断与读者的需求相适应，使图书馆服务管理方式的变革与读者需求的变化同步，才能找出提高图书馆服务工作和管理工作水平的方法和途径。

发展读者队伍是组织读者工作的一项重要内容。拥有规模化的读者群体是图书馆一切工作的前提，只有拥有了广泛而确定的大量读者，图书馆的资源建设、服务管理才有了明确的目标，才能通过大量的高水平服务实现图书馆的社会价值。

不同类型的图书馆发展读者的重点和方式有很大差别。高校图书馆是为本校服务的信息机构，因此其读者成分比较单一，主体是本校的师生员工，其读者的确定和发展通常可通过读者账户注册实现。学校的教职员工只要进行简单的读者登记，由图书馆发放标明其基本身份信息的借阅证，就可以成为图书馆的正式读者。研究单位、机构等图书馆的读者发展方式大体与高校图书馆类似。而公共图书馆是面向某个行政区域内所有公众的，因此其服务对象十分广泛，读者的构成也比较复杂，需要在有服务需求的个人或团体向图书馆提出注册请求的基础上，由图书馆根据办馆的方针、任务、规模和条件以及读者的阅读需求特点等确定是否授予申请者享受本图书馆的权限，只有符合本馆读者发展条件的申请者，才能通过注册成为正式读者。

读者发展、细分、管理的成果一般都通过图书馆的读者注册与身份认证管理系统固化下来。这既是了解读者、研究读者的重要资料，又是图书馆开展一切工作的基础数据，更是评价图书馆绩效、制定发展规划、进行服务与管理改革的重要基础。

3.组织服务

充分利用图书馆的各种资源，在深入研究和准确掌握读者需求的基础上，通过组织开展多层次、多角度的全方位服务，最大限度地满足读者的文献信息需求，是图书馆服务工作的中心环节，也是图书馆实现社会价值和最终服务目标的重要手段和方式。

　　图书馆服务是图书馆各项工作的外在表现形式，也是图书馆中最具活力、最富创造性的工作。组织服务工作的主要内容包括优化读者服务方式、扩大读者服务范围、增加读者服务内容和提高读者服务水平等方面。一个图书馆以何种方式服务读者，主要取决于本馆的性质、规模和读者需求，并随着图书馆的发展和读者需求的变化而不断变化。

　　图书馆的传统服务方式是根据读者的实际需求，利用馆藏资源、馆舍设备以及环境条件，有区分地开展各项服务活动，包括文献查询、外借服务、阅览服务、复制服务、咨询服务、检索服务、定题服务、编译服务、报道服务、展览服务、情报服务等。由于读者需求具有广泛性、多样性和复杂性，几乎所有图书馆都根据自身特点，以这些服务方式为基础，组织建立起多类型、多级别的综合服务体系，以有效地满足各类读者对文献的不同层次需求，帮助读者解决在学习、研究、工作中选择书刊、查询资料以及获取知识信息方面的各种具体问题。

　　随着网络的普及和计算机技术在图书馆中的广泛应用，现代图书馆的服务方式由传统的服务转向了现代化数字图书馆服务。因此，充分利用网络为读者提供服务已经成为现代图书馆的服务方向。这方面的服务包括资源检索、全文浏览、文献下载、自助借阅、虚拟参考咨询、网上读者调查、资源导航、特色数据库、移动阅读、用户文件上传与共享、个人学习空间、用户意见征集与实时交流等。

　　总之，图书馆服务的组织应根据本馆的具体情况和社会发展水平决定，总的要求是用最少的投入，在最短的时间内，为最多的读者提供最好的信息资源。

　　4. 宣传辅导

　　读者宣传辅导工作是图书馆教育职能的体现，主要包括读者宣传、读者辅导以及读者培训三个方面的内容。

　　（1）读者宣传

　　读者宣传是图书馆对读者进行科学管理的基本手段之一。宣传的目的是在了解和研究读者阅读需求的基础上，主动向读者揭示、推荐信息资源的形式与内容，宣传先进思想、科学知识、职业技术以及广泛的文化信息，并通过多种形式把读者最关切和最需要的信息及时展现在读者的面前，吸引读者利用图书馆的各种资源和服务，从而实现图书馆资源的最大化利用。

　　（2）读者辅导

　　读者辅导是指针对不同读者的具体情况，有区别地为读者答疑解惑、排忧解难。

读者辅导需要图书馆员充分掌握信息资源的特点，熟悉图书馆各项服务流程，了解读者行为习惯和信息需求心理，在读者利用图书馆各项服务的过程中，积极影响读者的阅读范围，引导他们正确地选择信息资源内容，以促进读者更好地获得知识，提高阅读能力及阅读效果。

（3）读者培训

读者培训是指根据不同读者群体的共性需求，通过开展讲座、参观、课堂教学等多种方式，帮助某一读者群体提高使用图书馆及其资源的技能，提高图书馆资源的利用率。读者培训主要从两个方面入手：一是培养读者的情报意识，激发他们利用图书馆的欲望，使他们自觉地认识到图书馆是自己的良师益友，是终身学习的场所；二是帮助读者学会利用图书馆及其资源，充分发挥图书馆的教育职能和情报职能。

5.服务管理

服务管理是指对图书馆读者工作部门的业务活动进行科学的组织管理，包括读者服务对象管理、读者服务人员管理、读者服务设施管理三个方面。具体包括制定读者发展的政策和计划、服务机构设置、岗位设置、人员配置、明确岗位责任、建立健全各种规章制度、人员分工与业务流程设计优化、合理组织藏书、改进服务手段、采用先进的设备与技术手段、完善服务体制等工作。服务管理为读者创造了良好的环境和条件，方便读者有效利用图书馆资源，同时保证了图书馆服务工作的健康发展。

# 第三节　高校图书馆的功能与职能

## 一、高校图书馆的功能

长期以来，图书馆一直担负着三项基本功能，即收集、整理和提供使用图书。这三项功能是图书馆本质属性的表现，根据这三项功能人们可以把图书馆同其他机构区别开来。每一本图书都是有功用的东西，但是只有通过精选把它集中起来，才能充分发挥其作用。图书馆通过订购、交换、接受赠予等方式把图书集中，运用分类、编目等方法对图书进行科学的整理，然后流通和出借图书，再根据人们的需要提供使用服务。高校图书馆是依附大学而设立的，因而大学这一母体的性质决定了图书馆必须为教学和科研服务。高校图书馆的主要任务是按设置母体的要求去织和提供专业信息资源，根据教学和科研的需要储存、收集信息并提供服务，从而满足教师和学生的情报需要和阅读需要。

（一）教育功能

众所周知，在大学期间，如果按照学校的教育计划安排，一个大学生四年内只能学完本专业基础知识和专业知识的学习，要想进一步充实和完善自己的知识结构、拓宽知识面、提高科学文化素质、培养综合素质，就只能依靠、利用图书馆丰富的文献信息资源进行自主学习。图书馆自主学习的方式不仅可以弥补课堂教育的不足、弥补专业教育可能造成的人格危机与文化分裂，还有利于大学生按照自己的爱好、目的和方法去获取知识和信息，去鉴别、判断各种不同的学术观点，使大学生在学习知识的过程中开阔视野、陶冶情操，这不仅能提高大学生的自学能力、适应能力，还有利于培养大学生的个性特点和创新精神，使他们终身受益。进入 21 世纪以来，高校图书馆教育职能逐渐深化，教育范围不断拓展。在全面推进素质教育的新形势下，高校图书馆已经成为高校施行素质教育的重要阵地。目前，高校图书馆在培养大学生综合能力方面虽然有一些尝试性措施，但也存在一些问题。图书馆作为教育和服务的重要部门，应该努力思考和讨论究竟怎样才能真正培养出有创新能力的有用之才。

（二）文化交流功能

图书馆举办学术交流活动可谓占尽天时、地利、人和。比如，人文教育课或人文讲座可以提高学生的人文素质，升华其思想；开设文学鉴赏、历史等讲座可以让学生了解中华文化乃至世界文化的精髓，引导青年学生注重历史、正视历史，培养大学生的历史使命感和责任感；科研创新讲座可以让学生了解国际国内科研发展的最新情况，培养他们科学创新的精神，激发他们的科学创新的热情。这种学术交流并不局限于邀请大师或名家，学校的老师、教授甚至学生都可以在图书馆的报告厅举行学术讲座。

（三）信息服务功能

在网络化已走进图书馆的今天，数字化是图书馆未来的发展方向。信息化的建设为新时期图书馆向广大师生提供信息服务奠定了基础。高校图书馆的服务是多元化、多方位、多层次的：多元化的服务要求我们创新服务种类；多方位的服务要求我们不仅对校内的广大师生，还包括社会上的机构或人员提供信息支持；多层次的服务要求我们针对不同层次的读者提供与之相适应的服务。为保障科研，我们可以对专家型科研人员提供主动的信息服务，同时提高馆员的专业素质和服务素质，为更多的人提供更好的服务。总之，我们要创新服务手段，采取现代化的管理方式，满足不同层次的读者的各种需求，真正践行"读者第一"的服务理念。

**（四）休闲功能**

21 世纪是信息时代、知识经济时代，也是休闲时代，休闲已成为人类生活的重要内容之一。因此，我们要顺应社会潮流，与时俱进，在努力完善图书馆原有功能的基础上，积极开发图书馆的休闲功能，以满足广大读者日益增长的精神文明要求。人们除了工作和学习之外，还要调节身心，这应该纳入图书馆的服务视线，图书馆也有能力、有条件这么做。积极开发图书馆的休闲功能可以使图书馆变得明朗而亲切，这为图书馆的全面发展拓展了空间。

**（五）社会功能**

对于大多数高校图书馆而言，馆藏的文献信息资源——从传统文献信息资源到数字资源基本上都处于一种独自拥有、封闭式应用的状态，也就是说这些文献信息资源都只是为本校的读者提供服务。随着信息技术的不断发展，高校图书馆的数字资源所占比例也在不断增加，这为高校图书馆对外服务提供了可能。第一，我们要尽可能地加大信息资源共享的力度和广度。CALIS 的建立为高校图书馆由封闭型向开放型，由单一获取信息的权利状态向提供信息和获取信息、义务和权利双重角色的转变奠定了坚实的基础。第二，高校图书馆要打破多年来只为本校教学科研服务的格局，转而拓展为向社会大众提供文献信息服务。因为图书馆的读者不仅是学校的师生，还可以是社会上的读者。

## 二、高校图书馆的职能

高校图书馆是高等学校的一个组成部分，它必须服从于高等学校的基本职能。高等学校的基本职能是贯彻执行国家的教育方针，为社会主义现代化建设培养德、智、体、美、劳等全面发展的人才。因此，高校图书馆应积极采用现代化技术，实行科学的管理，不断提高业务工作的质量和服务水平，最大限度地满足读者的需要，为学校的教学和科研提供切实有效的文献信息保障。其主要职能如下。

**（一）教育职能**

在高等教育改革发展的不同阶段，高校图书馆的教育职能的内涵和外延也在不断深化与拓展，其已逐渐从辅助教学的机构转化为直接参与教学的机构，成为师生获取新知识、扩充和调整知识结构的重要渠道。

1. 配合思想品德教育

为贯彻国家的教育方针，培养有理想、有道德、有文化、有纪律，德、智、体、美、劳"全面发展的社会主义建设人才，图书馆除收集、提供相关文献信息外，还可采取多种形式配合学校有关部门对学生开展思想品德教育，如通过电子阅览室、校园网提供爱国主义和时事政治等方面的多媒体文献服务以及图片展览、读书讲座、专题报告、书刊评介等活动，吸引学生阅读优秀书刊资料。

2. 配合专业教育

图书馆是自主学习的主要场所，是课堂学习的延伸、扩展和深入。无论是专科学生、本科学生还是研究生的培养都离不开它。比如，医学院校的图书馆不仅应提供全面、系统的医药卫生及相关学科的教学参考资料供师生选择，还要根据教学需要，推荐、报道、传递相关书刊资料，通过校园网、电子阅览室、视听阅览室提供电子文献的阅读、下载，以此深化学生的课堂学习，弥补部分课堂教学条件的不足。

3. 进行信息素质教育

信息素质这一概念于 1974 年由美国信息产业协会主席保罗·泽考斯基（Paul Zurkowski）最先提出。它的内涵为利用大量的信息工具及主要信息源，使问题得到解答的技术和技能"。1983 年，美国信息学家霍顿（Forest Horton）预测，计算机在信息时代将体现其潜在的价值，他建议教育部规划、督促学校开展信息素质教育，以提高人们对联机数据库、通信服务、电子邮件、数据分析及图书馆网络的使用能力。不久，美国各类学校开展了形式多样的旨在培养学生信息素质的教育课程与相关活动。1996 年，美国教育部在评价信息素质教育的成效时认为，"这种知识已成为一个人的基本技能，正如读、写、算一样"。可以说，信息素质在发达国家已成为各类人才基本素质的组成部分。经过几十年的发展，信息素质的内涵逐渐明晰，包括信息意识、信息能力和信息道德。

4. 有利于创建文明社会

党的十六大明确提出开展"全民阅读"活动，旨在加强建设学习型社会。高校图书馆作为"全民阅读"的主要场地，应响应党和政府的号召，开展社会化服务。英国在 19 世纪末就开始贯彻"读书城市"的理念，为此谢菲尔德大学积极开放图书馆供社会读者使用，至今在该校图书馆中，仍然可以看到 5% 以上的市民读者。

高校图书馆开展社会化服务有利于带动全民学习气氛、提高公民综合素质。高校图书馆作为信息传播的重要组成部门，应为相关企业和产业发展提供信息帮助，带动经济的增长，促进创建文明社会。

部分高校图书馆开展的社会化服务吸引了附近社区的居民，增加了社区居民的活动，调动了社会读者参与阅读的积极性，增添了居民生活的乐趣，营造了良好的生活氛围。部分高校图书馆对权限的开放使诚信借阅广泛开展，有利于促进精神文明建设。

5.促进企业良性竞争

高校图书馆作为信息集散地应当始终保持同社会发展联系在一起，适时更新馆内文献信息，为企业提供最新的咨询，以保证社会的发展。

在信息社会中，拥有大量生产资料并不代表拥有了一切，信息在生产过程中具有决定性因素。高校图书馆馆藏资源富含大量科学技术知识，能够为企业提供最新咨询。部分重点高校图书馆可以为所在区域的发展出谋划策，为企业拓宽领域提供最新科技情报。例如，企业在研发新产品的前期，可以通过高校图书馆的咨询了解当前行业信息，根据有关情况分析企业所处形势，避免企业在未知领域出现走弯路的情况。

在高层次人才引进上，部分院校的许多硕导和博导开展了多个项目研究，取得了一定的研究成果，但缺少输送到社会上的平台。因此，高校图书馆可以建立信息平台推广研究成果，促进项目开发。例如，中国海洋大学图书馆成立了海洋专业研究委员会，建设有关平台，为海产品加工企业提供相关研究成果，加强校企交流。

6.促进与政府机关的合作

政府部门的工作效率直接影响当下社会的发展，相关研究报告、数据、总结需要专业文献资源作为支撑。政府机关意识到高校图书馆具有较高的信息分析与处理能力，因此高校图书馆逐渐成为政府的合作方。以政府拥有的信息资源结合高校图书馆的信息处理能力，为高校图书馆社会化服务开辟了新的道路，为社会发展、提升政府执政能力做出了巨大贡献，减少了政府的工作量，为未来高校图书馆社会化服务的发展做了良好的铺垫。

7.提高图书馆地位

高校图书馆开展社会化服务，一方面得到了社会读者的认可与支持，有利于提高自身的声誉，促进高校同当地文化的交流，逐步提升高校图书馆的社会影响力，创造良好的社会效应；另一方面促使图书馆工作人员不断扩大知识面，提高与社会合作的能力，优化工作效率，从而更好地开展社会服务工作。高校图书馆通过接触不同的社会读者，开展更多的合作渠道，可以不断加强社会影响力。例如，通过校企合作沟通提供专业化咨询，针对不同层次、不同群体开展特色培训班等。在安徽省不少乡镇城市，"农家书屋"的口碑越来越好，这与同高校图书馆的合作密不可分。

8. 提升社会教育职能

教育是一种以传授文化知识为核心的社会活动。狭义的教育专指学校教育，广义的教育则是指包括家庭教育在内的各种社会教育。图书馆历来就是一种重要的教育机构，古代的皇家图书馆和著名的图书馆不仅是藏书万卷的场所，也是培养封建吏才的地方。在现代社会的教育活动中，图书馆教育有着更为广泛的意义。

图书馆作为一种基本的教育机构，还具有更广泛的社会意义。图书馆向社会所有成员敞开大门，是社会教育和学习的中心，是无墙的学校，是人们进行终身教育的重要基地。在高等学校里，图书馆是基本的教育设施，它被称为"大学的心脏""学校的第二课堂"，直接承担着培养人才的重任；图书馆这种社会教育的职能主要是通过为广大读者提供丰富的馆藏资源、开展各种活动实现的。图书是老师，书中所记录的系统知识是教育的内容，人们通过自学问读，从中受到教育。而图书馆丰富的文献馆藏又为组织社会大众学习开辟了广阔的天地。同时，开展各种文化活动、咨询活动，可强化图书馆的教育职能。

开发智力资源也是图书馆社会教育职能的重要体现。智力资源的开发有两层含义：一是开发馆藏文献资源。馆藏文献在同一时间里并不都能被读者全部利用，有许多文献长期放置在书架上无人问津，造成智力资源的浪费。图书馆及时、准确地揭示馆藏文献信息的内容，激活该类文献资源，提高文献信息利用率，从表面上看开发了文献资源，实际上文献摄取是可以转化为智力资源的。二是开发读者的智力资源。图书馆通过开展丰富多彩的培训、讲座等活动，开发了读者的智力，培养了读者利用文献的能力和开拓科学思路的能力。

**（二）文献流整序职能**

文献的产生具有连续性和无序性两种特征。文献流是源源不断涌现的，这是指文献产生的连续性。文献的流向从个体上看是自觉的、有目的的，但从整体上看则是不自觉的、无目的的、分散的、多头的，有时甚至是失控的，这就导致了文献的无序状态，主要表现为社会文献的生产数量越来越大，增长速度越来越快；文献的内容复杂多变，交叉重复；文献所用语种扩大。这些都直接影响着文献无序状态的加深，使文献的流向更加分散。分散的一种图书、一种善本、一种期刊或一篇论文虽然有着一定的能量，但只有当它成为一个文献集合体的一部分时，才能充分发挥其潜在的能量。因此，文献经过图书馆整序而形成的作用是不可低估的。

图书馆的整序职能通常是由对馆藏文献的分类、编目、典藏等手段实现的。整序的实质就是组织和控制。如果没有整序的职能，图书馆的性质就无法体现，图书馆也就失去了存在的价值。

### （三）信息传递职能

#### 1.传递馆藏文献信息

图书馆通过编制的各种目录、题录等检索工具，向读者及时揭示、报道最新馆藏文献信息，以最快的速度将采集到的图书、期刊、光盘、数据库等文献信息传递到读者手中，使读者能够在第一时间直接获取相关馆藏文献信息。

#### 2.传递导向性文献信息

图书馆通过文摘、索引、综述、述评、书评等形式向读者推荐内容健康向上，知识性、科学性、趣味性兼具的各种好书、好刊、好文章，开展导读活动，形成和坚持正确的舆论导向，既满足读者的各种信息需求，又符合时代潮流和科学精神，符合社会发展的总体趋势。

### （四）丰富文化生活职能

健康的文化娱乐活动是人类社会生活不可缺少的组成部分。人们除工作和睡眠以外，业余生活占三分之一时间。如何分配和利用这三分之一，对一个人的道德修养、文化素质、精神状态及身体健康等都有重要影响。图书馆是人们文化生活的重要组成部分，而且其方式灵活多样，因而更能引起人们的兴趣，更能全面地满足读者的精神文化需求。

图书馆是一所社会大学校，拥有丰富的文献信息资源，拥有学科专著，也有众多的科普读物、文艺名著、报纸杂志等。人们可以从图书馆借阅自己感兴趣的书刊，也可以到图书馆借阅报刊，看看图书，享受读书之乐。尤其是现代的图书馆，不仅收藏传统的印刷品和开展一般的图书流通借阅，还配备唱片、录音、录像、幻灯、电影、电视等设备和资料，举办各种活动，使人们扩大视野，增长见闻，丰富精神生活。

### （五）搜集和保存人类文化遗产职能

图书馆作为保存民族文化财富的机构，担负着保存人类文化典籍的任务。世界上一些历史悠久的大型图书馆都是保存人类文化遗产的宝藏。很多国家专门制定了保护文化遗产的政策法令和图书出版物的呈缴本制度。因此，搜集和保存人类的文化遗产是图书馆不可推卸的社会责任。当今社会，图书馆要搜集、保存各种文化传播载体和人类创造的一切知识形态。随着人类社会的发展，图书馆搜集人类文化遗产的范围必将进一步扩大。

搜集和保存人类文化遗产的职能，是图书馆其他职能的基础。现代图书馆的保存职能更多地体现在对文献的利用上，因为保存的目的是为了更好地利用。

## 第四节　高校图书馆的服务活动与用户群体

### 一、高校图书馆的服务活动

#### （一）文献提供服务

与公共图书馆一样，高等学校图书馆文献提供的主要方式也是外借、阅览。但是，高校图书馆用户的特殊需求，特别是对文献资料的集中需求，经常要求图书馆采用一些比较特殊的文献提供形式。传统上，高校图书馆一般采用馆内阅览和短期借阅的形式解决集中需求问题。馆内阅览是将需求量大的教学参考书集中起来，仅供馆内浏览。短期借阅则对需求量大的文献严格限制借阅期限（如 24 小时）。收入馆内阅览或短期借阅部的文献一般都是教师指定的教学参考书，因而处于经常变动之中。20世纪 90 年代以来，很多图书馆都开始探索通过数字化手段解决集中问题的途径，希望将需求量大的文献数字化，然后通过计算机网络传递给用户，彻底突破时空和复本率的限制。在 1994—1998 年间，英国电子图书馆项目将电子图书借阅的实现技术和版权问题确定为该项目的重点研究领域。尽管这些研究积累了不少宝贵经验，但是迄今为止，教学参考书的大规模网上提供还是受到了数字化技术和版权许可的限制。

即时文献提供也是常见于高校图书馆的文献提供方式。这是指图书馆从本馆的合作馆或商业化的文献传递机构为用户获取本馆未收藏的文献的业务。传统上，这种形式的文献提供主要采用邮寄的方式，但是越来越多的文献传递开始采用电子传递。

#### （二）参考咨询服务

高等学校图书馆的参考咨询服务（很多图书馆也称之为信息服务）是图书馆日常服务的重要组成部分。它经常处理的问题如下：一是有关图书馆使用过程的问题，如确定馆藏文献的位置，解决硬件、软件和网络问题。二是用户工作、学习中遇到的问题，如统计资料、历史事实、人物、事件等。处理这类问题时，馆员往往需要在短时间内迅速地从各类文献中查出用户需要的知识或信息，并加以综合分析后提供给用户。三是有些图书馆也承担一些较复杂的文献查询或调研任务，如具体课题的文献查询和文献综述。

### （三）直接参与教学活动

传统意义上，高等学校图书馆对教学过程的支持和参与主要表现为为教学活动提供参考资料和咨询服务，但是近20年来，高校图书馆参与教学活动的范围日益扩大，对教学活动的支持也更加直接。当代图书馆经常通过以下活动参与教学过程：在馆内提供各种教学设施，如视听室、电脑实验室、研讨室等；提供教学空间（如专业教室），为那些需要在讲授过程中利用图书馆的课程提供便利条件；参与课程设计、远程教育、辅助通用技能的培养；参与计算机辅助教学课件的开发。

### （四）社区服务

不少高等学校图书馆还为所在社区提供一定程度的服务，包括在一定范围内向社区成员开放阅览馆藏、提供辅助性服务（如复印服务），为社区内的企业提供咨询服务或文献查询等。

## 二、高校图书馆的用户群体

高等学校图书馆的用户包括本科生、研究生、研究人员、教师、管理人员以及一部分校外人员，但是真正影响图书馆决策和活动的主要是前四类用户。

过去，本科生是一个具有较大共性的群体，其共性主要表现在他们年龄相仿，都经历了高等学校入学考试的选拔，都接受着体制相似的全日制教育，都按学期、期末、假期的节奏安排自己的生活。随着高等教育规模的扩大，终身教育的兴起，这种共性也在逐渐减弱。在新的高等教育背景下，高校图书馆经常需要面对在年龄、来源、素质、学习模式等方面具有很大差异的本科生用户，这些用户往往会对图书馆服务提出不同的要求。

本科生的需求形成取决于他们所接受教育的内容和模式。例如，课程内容在很大程度上决定着他们所需文献的类别；阅读书目在很大程度上决定着他们所需文献的种类（篇目），且阅读书目的多寡决定着他们的需求量和对此类文献的依赖程度。本科生用户的需求具有某些鲜明的特点：首先，本科生的文献需求通常以教学参考书为主；其次，在特定时间里，他们往往表现出对特定教学参考资料的高度集中的需求；再次，本科生的需求一般是在主讲教师引导下形成的目标明确的需求。此外，本科生还对图书馆的空间（如自修空间）、设施（如复印设备、计算机）以及图书馆员的帮助具有强烈的需求。

研究生的需求与本科生的需求具有某些共性，如对特定文献的集中需求、对学习空间的需求等，但他们的需求同时具有研究人员的特点。研究生特别是博士研究生，一般需要承担具体的、处于学科前沿的课题，因而需要全面获取和跟踪本领域的最新文献，这就导致他们对反映最新研究成果的文献形式（如期刊、研究报告）、专业化检索工具、馆际互借或文献传递系统比较依赖。在这方面，专职研究人员（如研究助理、研究员）具有同样的需求。

很多教师同时承担着教学与科研的双重任务。教师因教学活动而产生的对图书馆的需求非常广泛，如要求图书馆为之提供较全面的教学参考资料、核对阅读书目、准备阅读书目中的文献、保证这些文献能够被学生方便地获取、适合教学用资料的版权限制、为开发教学软件提供文献和技术方面的支持等。教师因科研任务而产生的需求与专职研究人员的需求具有共性。

# 第二章 智慧时代高校图书馆服务现状与理论基础

## 第一节 高校图书馆服务的现状

### 一、传统服务的拓展

随着网络化、数字化技术的发展，绝大多数高校图书馆在服务方式、服务内容和服务时间上都得到了强化和拓展，以适应数字环境下读者多样化的需求。目前，我国大多数高校图书馆以校园网为依托，在因特网上建立了自己的 Web 站点，网上服务的范围和内容不断扩大和延伸，展现出喜人的发展势头。

#### （一）传统服务向基于网络的服务的拓展

1. 基于网络的信息检索服务

信息检索服务包括对馆藏文献目录的检索、馆藏数字资源的检索和网络资源的检索。目前，我国高校图书馆大多数都建立了适合用户远程访问的检索系统，用户可在网上进行馆藏书目、期刊篇目、期刊全文的查询，并进行下载。这一服务方式已经成为当前我国高校图书馆网上服务的基础性服务，开展情况较好，其中公共查询及站点导航服务开展率分别为90%和88%，有90%的高校提供引进数据库服务。与引进数据库相比，自建数据库的建设就显得逊色多了，仅有26%的高校建有自己的特色数据库。

2. 数字参考咨询服务

网络环境的双向交互性使传统参考咨询服务向网络空间扩展成为可能。用户可通过图书馆主页上的"用户使用指南"或"读者指南"获得一般性问题的帮助；可通过电子邮件和 Web 表单向服务人员进行问题咨询，服务人员用同样的方式将答案传递给用户；用户可以利用软件进行实时数字参考咨询，通过网络与信息服务人员实时在线沟通，以得到解决问题的答案。网络参考咨询服务即数字参考服务，是传统参考咨询服务的拓展，也是图书馆信息服务需加强的方面，是信息服务的发展方向。目前，我国大多数高校图书馆都在各自的网站上开展了形式多样的信息咨询服务，当前主要有以下几种常见的服务模式。

（1）自助式咨询服务

由帮助系统或 FAQ 这种模式解答读者日常利用图书馆的咨询问题，我国目前有41% 的高校图书馆提供自助式的咨询服务。随着问题的增多和便于查找，有部分高校图书馆现已逐渐形成 FAQ 数据库系统。

（2）非实时咨询服务

非实时咨询服务指的是用户的提问与专家的解答是非即时的，目前主要采用电子邮件、电子表单等方式实现。通常的做法是在图书馆主页或某个网页上设立"参考咨询"或"询问图书馆员"链接。这是图书馆的数字参考咨询窗口，读者可以用电子邮件、Web 咨询表等形式提交请求，并登记请求人姓名、单位、电子邮件、咨询问题、已知信息线索等。随着校园网的发展，非实时参考咨询服务逐步成为高校图书馆参考咨询工作的一种主要的服务形式，受到读者的欢迎。目前，我国有 26% 的高校提供电子邮件咨询服务，有 37% 的高校提供留言板咨询服务。

（3）实时交互咨询服务

实时交互咨询服务就是咨询专家与读者可以面对面同步交流，能即时显示图像和文字，可以达到读者与咨询馆员当面交流的效果，可以弥补电子邮件、表单咨询不具备实时性的不足，它为图书馆数字参考咨询服务开辟了广阔的发展前景。此项服务目前在国内高校图书馆的开展还不甚理想，仅有 8% 的院校开展。这一数据与美国研究图书馆协会（ARC）成员馆中有 29% 的图书馆提供实时交互咨询服务的数据相比，尚存在一定的差距。

（4）合作式参考咨询服务

合作式参考咨询服务由多家成员馆依据协议，通过多个图书馆及其相关机构的互联网络，可在任何时间、地点为用户提供参考咨询服务。这种服务模式运用最新的信息技术，在最相关的信息资源中提供最好、最准确的答案。目前，我国只有清华大学和北京大学组成国内合作组（CALIS Group）开展这项服务。而在美国，仅洛杉矶地区就有 40 多所图书馆提供这项服务。

3. 基于网络环境的用户教育服务

数字时代的到来，使高校图书馆的用户教育在内容、形式和手段上发生了变化，传统的教育方式已不能满足网络用户的需求。在数字环境下，高校图书馆必须更新传统的用户教育内容和方法。目前的用户教育正在向电子化、网络化的方向发展，远程教育、在线教育、自主式教育日益增多。很多教育形式都可以利用网络完成，如在网站上可以提供讲义、课件的下载。通过网络，大部分高校图书馆的用户培训可常年进行，读者可根据网上公布的课程设置，选择参加的方式。从世界各国发达的图书馆用户教育来看，网上教育已成为主要方式，图书馆的教育功能由于远程教育的开展而得到加强。美国高校图书馆于 20 世纪 90 年代初就已开始大规模地实施网上的培训工作，充分利用网络、多媒体等现代信息技术，对用户进行互动或非互动的培训。目前，我国只有 28% 的高校图书馆通过网站为用户提供远程培训服务，培训的方法和内容还处于探索的初级阶段。

4. 基于网络的信息传递服务

随着网络环境的形成，网络信息传递方式将逐渐取代传统信息传递服务方式。两者间最大的不同在于网络信息传递服务传递的对象是电子化、数字化文献。网络信息传递服务主要利用计算机网络通过电子邮件、FTP 及数据库文件记录电传等方式向用户提供各种原始文献，是网络环境下传统图书馆信息服务方式的延伸和发展，具有方便、快捷、经济、时效性强等特点。但我国高校图书馆在这方面的服务还不尽如人意，只有 23% 的开展率。

5. 教学与科研支持服务

该类服务主要有两方面内容：一是教学支持，即为教师和学生提供链接网上课件的服务。二是学习资料的支持，主要是通过网络为学生提供课程指定参考书和教学资料网页服务。该服务旨在帮助教师和学生改善教学与学习过程，提高教学与学习的质量。这样的支持服务在英、美等国大学中已相当普遍，图书馆员已成为推动教学新技术应用的主力军。目前，我国高校图书馆的远程教育支持服务尚处于起步阶段，仅有部分高校图书馆为用户提供学习与教学支持服务。例如，华东理工大学图书馆的"精品课程"栏目，汇集了学校品牌课程的学习课件及课程学习的相关材料，学生可以在这个站点获取这些课程的教学大纲、讲义、教案、学习参考材料及课程习题。除此之外，还有清华大学图书馆的"高校教参数据库"和教参信息系统、西安电子科技大学图书馆的"教师空间"栏目。

6. 个性化信息服务

个性化信息服务是传统专题服务的拓展，是指"用户可按照自己的目的与需求，在某一特定的网上功能和服务方式中，设定网上信息的来源方式、表现形式、特定网上功能及其他服务方式等，以达到最为方便快捷地获取自己所需的网上信息服务内容的目的"。目前，个性化信息服务在国外已经形成了初步成果，进入了实际应用阶段，比较完善的服务系统主要有 My Library 和 My Gateway 等，这项服务在美国高校图书馆中已相当普遍。我国的数字图书馆个性化服务仍处于初始的探索阶段，限于技术、设备和资金，目前开展网络个性化定制服务的只有清华大学、中国人民大学等 15 所高校图书馆，占统计总数的 4%。

### （二）传统服务在其他方面的拓展

#### 1. 服务时间的延长

由于新技术的不断发展和完善，大容量不间断电源以及集群、容错技术的发展，绝大多数的高校数字图书馆在网上提供全年 $7 \times 24$ 小时的不间断服务成为可能。

#### 2. 服务对象的拓展

传统高校图书馆的用户主要是教师和学生，目前由于各馆都提供了基于网络的信息服务，因此服务对象也拓展到了其他类型的网络用户，各行各业的潜在用户大量增长，需求也呈现多样化趋势。

#### 3. 馆员角色的转变

传统图书馆的馆员是文献信息的提供者，是文献和用户的中介。由于在数字环境下用户获取信息的自由程度更大，渠道更多，因此馆员的角色要从文献传递者转向信息资源的管理者，馆员的工作将从"检索代理"转向"检索指导"，馆员将成为"网络信息导航员"。

## 二、数字环境下高校图书馆新的服务方式

### （一）学科信息门户

学科信息门户（Subject Information Gateway，简称 SIG），指的是将特定学科领域的信息资源、工具和服务集成为整体，为用户提供方便的信息检索和服务入口。作为一个新型的信息服务平台，学科信息门户从仅收录因特网资源发展到囊括馆藏实体资源（包括二次文献数据库、全文数据库、馆藏目录、联合目录等）的集成系统，两种资源在同一界面实现无缝存取，整合为易检易用的有机整体。它提供的每一种资源都经过图书馆员和学科专家的选择与描述，通过灵活的整合，按照某学科（专题）用户的要求对网络中相关的信息资源（包括电子期刊，数字化图书、报告、论文、书目，教育软件、电子新闻和重要科学机构的主页等）进行更有针对性、更深入的揭示，在给用户"指路"的同时，提供更专业的信息服务，有助于专业用户在本领域的信息"超市"中选择高质量的资源和获得"一站式检索"，而无须逐个访问单独

的网站。SIG 为研究人员和大学教师提供世界范围的网络学术资源的快捷而高质量的检索，一经投入使用便大受欢迎。

### （二）网络信息资源导航服务

网络信息资源导航是指对网络上的电子资源按某种方式进行收集、加工和整理，向用户提供这些资源的分布情况，供用户查找获取网上资源，是对因特网上某一领域信息进行收集、组织、整理和有序化的资源重组工作。高校图书馆可以利用校园网和图书馆主页，根据本馆主要服务对象的信息需求，针对学校的重点学科在网上搜集和科研有关的网址，将网上繁杂无序的信息资源进行搜集、筛选、分析、组织、整理，并按学科分类，在图书馆主页上用链接方式把读者需要的信息链接起来，建立信息导航系统。国内典型的网络导航系统是 CALIS 重点学科导航库。它是"211 工程"立项高校图书馆共建项目。导航库分别按学校和按分类进行编排，收集整理有关重点学科的网络资源，为这些已立项高校的重点学科服务。该导航库目前已有 52 个图书馆参与共建，导航库建设的学科范围涉及除军事学（大类）、民族学（无重点学科）之外的所有一级学科，共 78 个。经费上获得重点资助的学科为 48 个，一般资助学科13 个，非资助学科 17 个。

### （三）搜索引擎服务

网络信息资源的无序化给用户的专指性需求带来了很大困难，于是就出现了以Google、百度、雅虎等为代表的搜索引擎，它的出现极大地方便了用户在网上进行信息搜索的需要，减少了用户的盲目性。当前，搜索引擎的技术也在不断更新，通过高校图书馆提供的这些搜索引擎的超链接，用户只需在检索框中输入检索词就会得到大量相关信息。但目前的搜索引擎在信息过滤方面还存在一定的问题，反馈的信息中无关信息占很大比重，这也是搜索引擎以后要解决的问题。

## 第二节　高校图书馆服务存在的问题

我国高校图书馆网上服务已形成了一定的规模，不仅 Web 站点数量发生了巨大的变化，还在服务的内容和方式上日趋完善，形成了相对稳定的服务结构，服务的广度和深度也都达到了一定的水平。一些条件好的重点院校，如清华大学、北京大学、上海交通大学、中国人民大学等，在跟踪、采用先进技术开展网上现代信息服务方面，已与国外发达国家高校图书馆水平接近或相当，有的还形成了自己的鲜明特色。

但目前我国高校图书馆网上服务的现状仍不能令人满意。

## 一、资源建设方面

### （一）资源重复建设现象严重，造成大量浪费

目前，我国各高校图书馆都在进行数字化建设，但绝大多数的高校图书馆的数字化建设都处于各自为政的局面，从而导致信息资源重复建设、配置的现象仍较严重。例如，许多高校图书馆购买的数据库、电子书刊基本限于在校园网内使用，校外读者甚至是利用别的公用网络的本校读者也无法使用这些资源。由于各高校学科设置和建设重点的不同，导致各高校图书馆的藏书门类各有侧重，很少有各学科门类资料建设都很全面的图书馆。这样无疑与培养复合型人才的目标是背道而驰的。而要想建设一流水平的图书馆，资金是一大难题，加强各高校图书馆之间的合作显然是一个明智之举。虽然我国高校图书馆的资源共建共享有了很大进展，但现状仍不尽如人意。我们发现有些图书馆存在重复购置的现象，虽然图书馆的收藏和服务要力求"全"，但也不能因此而过于"重复"。比如，中国期刊网和维普中文期刊数据库两者之间就存在中文数据重复现象，而不少高校图书馆同时订购了这两个数据库。我们仔细观察不难发现，其他的一些电子资源在学科涵盖范围等方面也存在一定的交叉。

### （二）特色资源少

主要体现在高校图书馆自主建设的电子资源贫乏。尽管每个学校都有多种数据库，但大多是采用引进成型的数据库或是共建项目，只有较少一部分是自建的，除了有学位论文数据库、各种目录数据库、学科导航库等外，只有几所高校的图书馆提供其他特色自建数据库服务，如北京大学、清华大学、中国人民大学、华中科技大学、上海交通大学、吉林大学、四川大学等。

### （三）资源质量问题

传统的印刷型文献资源很容易辨别真伪、拒收和剔除，在质量上较容易控制，但数量庞大的网络资源由于其自身发布有很大的随意性，所以出现了大量的垃圾信息，这也给图书馆开发利用网络资源带来了很大难度。

### （四）资源合理配置存在问题，服务针对性不强

高校图书馆主要是为教学科研服务，服务的对象主要是教师和学生。虽然各高校图书馆根据本校的学科体系提供资源服务，但由于图书馆工作人员的学科结构单一，又缺乏和教师、学生的沟通，所以必然会出现所提供的信息资源并非用户需要的情况，造成资源的大量浪费。

## 二、深层次服务方面

### （一）咨询服务水平不高

一些重点大学图书馆开展了基于网络的数字参考咨询服务，也达到了一定的水平，但有相当一部分地方高校图书馆的参考咨询服务开展得并不理想，存在服务功能不全、服务手段不先进等问题。通过调查发现，咨询服务最常用的手段是电子邮件咨询、电话咨询、表单咨询、FAQ、留言簿等，这些都处在数字化信息咨询服务的初级阶段，而且这几种方式在各个学校间开展得也不均衡，只有少数高校开展了实时咨询和信息推送服务。这显然不能满足网络发展和资源激增情况下用户对信息的个性化、及时性的需求。

### （二）对于知识的深层次挖掘不够

图书馆员向来以善于组织和整理资源著称，怎样把大量的网络信息资源进行有效的整理和分析，为用户提供深层次的知识导航服务和个性化的信息推送服务是当前高校图书馆面临的一个新的课题，尤其是针对本校重点学科的导航系统，国内高校图书馆在这方面还有待提高。

### （三）用户教育工作开展的力度不够

随着数字化时代的到来，高校图书馆通过网络向用户提供越来越丰富的数字资源。怎样使用户正确地获取他们想要得到的资源，培养用户获取信息的能力是高校图书馆在新形势下面临的新的课题。目前，国内很多高校图书馆对用户教育工作都处于比较被动的情况，缺乏和用户的沟通，只注重购买各类电子资源，而对培训用户利用这些资源和对这些资源的宣传缺乏足够的意识。除了继续开展传统的教育方式外，如导读、授课、讲座等，高校图书馆应充分利用数字环境带来的便利，开展用户教育的新方式，如开发各种课件、开设网络课堂等。

## 三、高校图书馆本身存在的问题

### （一）观念落后，"读者第一"的服务思想没有真正落实

由于目前很多高校图书馆的管理体制依旧是基于传统的"大锅饭"形式，所以部分馆员缺乏事业心，缺乏创新精神和竞争意识，缺乏主动服务的意识。

### （二）自动化建设水平不高

要开展信息服务，图书馆必须具备一定的计算机软硬件系统以及网络环境。然而，由于在资金投入方面同重点院校和"211"院校图书馆存在很大差距，许多地方

高校图书馆的计算机硬件系统配置不佳，自动化、网络化和数字化程度不高，网络系统的带宽、速度等也不够理想，这些都对查询、检索信息资源存在一定的影响。

### （三）馆员整体素质有待提高

近年来，虽然高校图书馆馆员的素质有了进一步的提高，也相继引进了一批学历较高的人才，但馆员的整体素质距离开展高层次信息服务的要求还有很大差距。数字环境下高校图书馆的馆员除了要具备一定的专业知识外，还要掌握一定的计算机知识和网络知识以及一定的外语知识。高水平的服务需要高素质的复合型人才，然而目前高校图书馆由于多方面的原因普遍缺乏这种复合型人才，使服务水平很难提高，无法满足用户多方面的信息需求。所以，新形势下高校图书馆馆员的素质还有待进一步的提高。

综上所述，目前高校图书馆存在的这些问题已严重影响其业务的开展、服务的质量，已成为高校图书馆可持续发展的阻力。因此，我们必须采取一些有效的改革措施，创新思路，逐步排除这些阻力，才能保障高校图书馆的事业健康、稳步的发展。

# 第三节　高校图书馆服务创新的主要内容

高校图书馆收藏的文献信息、用户的信息需求以及馆员的业务能力和业务水平都是在不断增长、不断变化的，因此要针对信息资源、读者、馆员和技术这几个构成高校图书馆服务的要素不断地进行创新。高校图书馆的服务创新体系应是全方位、多层面的，由人及物，从观念到行动，从硬件到软件，构成一套完整的服务创新体系。

## 一、高校图书馆服务理念的创新

理念是行动的先导，是连接理论与实践的纽带。理念的创新对高校图书馆的发展是十分关键的，网络技术和数字图书馆的发展是高校图书馆理念创新的基础和前提，用户对高校图书馆资源及其服务的需求是进行理念创新的根本动力。理念创新主要包括以下几个方面。

### （一）以人为本的理念

高校图书馆的管理先是对人的管理，这里的"人"包括两方面，一是图书馆馆员，二是图书馆的服务对象，即读者。"读者第一"一直是高校图书馆工作的根本原则。20世纪80年代，美国的罗森帕斯旅行管理公司的总裁倡导了一个"顾客第二"

的企业管理方法。图书馆界把它引进来，提出了"职工第一、读者第二"这样一个理论命题，在业内引起了不小的轰动。直到现在，期刊上仍然有这方面的文章，争论还在继续：有的人坚持读者第一，有的人却认为读者第一已经过时，应该改为馆员第一。柯平教授认为："这两个概念并不矛盾，只是角度不同，读者第一是从整个图书馆的服务来讲的；而馆员第一是从图书馆管理的角度出发的；从整个图书馆事业来讲，仍然应该坚持读者第一；对于图书馆的管理层来讲，馆员第一是应该坚持的，两者不在一个层面上。只有把图书馆员放在一个重要的位置，才能更好地做好读者工作，真正实现读者第一，这就是辩证法。"因此，高校图书馆的"以人为本"的理念应包含两个方面：一是作为服务主体的馆员的素质的提高；二是在满足读者需求的同时对读者进行教育，提高读者素质并采取各种措施尽量满足读者的个性化需求。

### （二）个性化服务理念

信息服务的最终目标是满足用户的个体信息需要。数字图书馆面对的是建立在广泛基础上的信息需求日趋多元化、个性化的用户。个性化信息是指由人类个体特性所决定的其对信息的需求的一种信息组合，也就是由人类个性对信息需求的决定关系而产生的一系列对个体有用的信息。个性化信息服务包括两个层面的含义：一是通过对用户个性、使用习惯的分析而主动地向用户提供其可能需要的信息服务，如个性化信息推送、信息服务定制等；二是个性化信息服务应能够根据用户的知识结构、心理倾向、信息需求和行为方式等来充分激励用户需求，促进用户有效检索和获取信息，使用户在对信息有效利用的基础上进行知识创新。高校图书馆有其特定的读者群，应开展针对不同读者群体的个性化信息服务，如针对学习型读者的教学参考服务以及针对研究型读者的定题服务、个性化的信息推送服务等。

### （三）特色理念

任何图书馆都应该有自己的特色。图书馆的特色主要体现在馆藏特色、服务特色、管理特色、科研特色和环境特色等方面。高校图书馆由于其本身的特点应将重点放在馆藏特色上，馆藏特色是指馆藏文献在某一方面比较系统完整，能基本满足特定读者独立研究的需要，具体可表现为学科特色、专题特色、地方特色、类型特色、语种特色等。尤其是在学科特色方面，应根据本校的学科建设和专业设置，合理地配置信息资源，建立本校的特色数据库，为本校的教学、科研和重点学科建设服务。

### （四）信息资源共享理念

信息资源共建共享是 20 世纪信息需求和技术发展的必然产物。文献激增、资料价格飞涨、越来越多的新技术被使用，使资源共享不仅从经济方面考虑是绝对必要和可行的，从合理使用图书馆资源方面来考虑也是至关重要的，能够避免资源重复建设带来的浪费。高校图书馆可以以教育网为依托，以资源的电子化、数字化和网络化为基础，构建一个相互联合协作、整体化的，充分实现资源共建、共享的服务网络体系。

### （五）知识理念

长期以来，图书馆信息服务的主流是资源依赖性工作，由于信息资源分布的不均衡和信息获取的困难性，文献检索与传递服务成为用户需求的关键性服务之一。然而随着网络信息环境的日益完善，传统的信息资源不均衡和信息获取困难得到极大改善，文献检索与传递服务在用户需求中正在逐步弱化。用户日益关注的已不再是简单地得到文献，而是从众多的信息中捕获和分析解决他们问题的信息内容，需要直接帮助他们解决问题的服务——知识服务。因此，图书馆的信息服务转向知识服务，这是图书馆服务理念的必然转变，也标志着图书馆的服务功能进入新的发展阶段。随着现代信息技术的发展，高校图书馆组织与管理的对象由以文献信息为单元转变为以知识为单元，图书馆的使命也由信息管理发展到知识管理。

### （六）学习理念

高校图书馆除了作为教学科研服务的机构之外，还有一个重要的职能就是成为用户终身教育的场所。然而，目前高校图书馆客观存在的一些弊端，如层级过多的传统组织机构、效率低下的工作作风、整体素质偏低的馆员队伍，都影响了其终身学习和继续教育功能的发挥。所以，高校图书馆必须引进先进的学习理念，对组织结构、管理体制、馆员队伍的思想意识等进行改造，建立和谐、高效的"学习型图书馆"。

## 二、高校图书馆服务内容的创新

这里所说的服务内容主要是指"信息资源"的建设，高校图书馆作为教学和科研服务的文献信息中心，在重点学科建设中起着重要的文献保障作用，是教学、科研以及学科建设的重要支撑力量。因此，高校图书馆要大力推进馆藏实体资源及网络信息资源的开发与建设，并努力实现高校图书馆间信息资源的共建、共享，在构建重点学科文献信息资源体系的同时，要注重网络信息资源知识内容的开发，为读者提供深层次的服务。

### （一）信息资源的共建共享

现代信息技术的迅猛发展为高校图书馆实现信息资源的共建、共享提供了技术保障。中国教育科研网（CERNET）、因特网、CALIS文献信息服务网络等提供了环境保障，初步实现了系统间的公共检索、馆际互借、信息传递、协调采购、联机合作编目等功能，基本建成中国现代高等教育信息资源保障体系框架。只要是处在同一个系统的高校之间、城市之间、地区之间、甚至国家之间都可以相互协作，分工购买信息资源充实馆藏，独自管理，相互借阅。面对目前的新环境和新需求，高校图书馆最直接的办法是加强信息资源的共建共享。这样不但可以促进高校文献资源建设的协调发展，更好地为教学和科研服务，而且能达到系统、地区及全国的信息资源共建共享的要求。通过高校间信息资源的共建共享可以起到优势互补的作用，并能避免各高校重复建设带来的资金浪费。此外，通过信息资源的共建共享还可以增强高校图书馆的信息服务能力，为读者提供更高质量的信息服务。随着读者对信息的需求量越来越大，文献信息量不断增长，传播速度加快，而且信息载体的形式也向数字化发展，这就要求高校图书馆必须开展信息资源的共建共享。

### （二）数字化资源建设

随着网络技术的发展，无论印刷型文献信息还是电子信息，若要在计算机网络上进行自由传递，其前提条件就是将信息数字化。数字化指将各类载体信息，包括数字、文字、声音、图形、图像等都转换成计算机可识别的由 0 和 1 组成的二进制数字编码形式。

数字化资源建设包括两方面：一是把本馆印刷型文献进行数字化并放到网络上供读者检索；二是对各类电子出版物的引进。数字化信息资源的最大优势在于不仅可以节省馆藏空间，还可以提高读者服务的效率和质量。对于数字图书馆来说，将图书馆馆藏信息数字化是必要而合理的。在数字化过程中可先将馆藏需求量大的特色资源、图片、地图、档案等进行数字化，同时要根据读者需求引进有助于学校教学、科研的各类型数据库供读者使用。

## 三、高校图书馆服务方式的创新

近年来，网络信息技术的应用改变了高校图书馆信息资源的结构和用户获取信息的方式。读者越来越倾向于利用网络的便利条件来获取他们所需的信息。因此，高校图书馆应充分利用网络，积极开拓基于网络的新的服务方式。

### （一）基于网络的信息传递服务

随着网络环境的逐步成熟，基于网络的信息传递服务成为越来越重要的新型信息传递服务形式。与传统信息传递不同，网络信息传递的对象是数字化资源，传递速度快、质量高，范围也更广，而且可以节省信息传递成本。

开展网络信息传递服务，需要具备一定的软硬件环境，如计算机、传真机、扫描仪等设备。高校图书馆应通过各种网络文献数据库、电子邮件、电话、传真等手段为用户提供周到快捷的信息传递服务。近年来，在高校图书馆界，CALIS 管理中心在资源建设方面的统一规划和科学组织，使高校图书馆的资源共享、馆际互借、网络信息传递服务等工作得到了迅速开展。一批规模较大、馆藏丰富、人员素质较高、服务意识较强的高校图书馆发展成为我国文献传递服务的核心单位。

## （二）基于网络的数字参考咨询服务

数字参考咨询是以网络为媒介提供参考咨询服务的一种方式，这种服务方式在国外大学图书馆已非常普遍。数字参考咨询最基本的特点是基于网络进行的，因而它的用户基础、咨询方式、咨询内容都在发生着变化，从到馆读者发展到网上用户，从面对面的方式发展到突破时间空间的限制，从单个馆的咨询发展到合作式的参考咨询，网络技术和基于网络的信息交流在其中起着重要的作用。

按照与用户接触的方式划分，数字参考咨询可分为异步模式、实时互动模式和合作咨询模式 3 种类型。异步模式主要采用电子邮件、电子表单等方式实现，这是目前高校图书馆普遍采用的模式。实时互动模式就是咨询馆员与读者可以面对面交流，能及时显示图像和文字，这种方式弥补了异步模式实时性不足的缺点，为图书馆数字参考咨询服务开辟了广阔的发展前景。目前，高校图书馆实时互动式参考咨询通常利用的是聊天软件，用户通过口令和浏览器进入系统，咨询人员实时为读者解答咨询。合作数字参考咨询由许多成员馆根据协议组成，通过多个图书馆及其相关机构的互联网络，可在任何时间、任何地点为用户提供参考咨询服务。这种服务模式运用最新的信息技术和网络资源，当然还包括成员馆的丰富资源。

高校图书馆应依据自身实际情况，选择适宜的参考咨询服务模式。对于那些中小型的图书馆，由于受经费、技术能力等的限制，选择异步数字参考咨询服务是可行的，也可以将数字化参考咨询与传统参考咨询结合起来为用户提供服务。那些软硬件条件、人员素质较高的大型图书馆可借鉴国外数字参考咨询服务的成功经验，结合国情，开展实时互动的数字参考咨询服务甚至向合作式参考咨询服务发展，提高服务能力。

## （三）网络信息资源导航服务

互联网上的信息纷繁复杂，是一个没有组织的虚拟体，大量有价值的信息散步在信息的海洋中。用户虽然可以通过搜索引擎等网络检索工具查找所需要的信息，但质量及根据用户特定需求对信息利用的整体考虑较弱。建立网络信息资源导航的目的就在于为用户提供特定学科范围或某一主题的网上信息资源的集合，便于用户获取信息，减少他们查找信息的时间，使他们能够更加快捷方便地进行信息交流与科学交流。高校图书馆应充分发挥自身专业特长，根据本校的学科分布特色，有针对性地收集、整理信息资源，并进行筛选、鉴别，为用户提供分学科的网上信息导航。

### （四）个性化网络信息服务

个性化网络信息服务是指利用个性化定制技术和信息推送技术，按照特定用户的偏好、习惯等开展信息服务，通过网络提供个性化的服务，将感兴趣的信息推荐给用户，进而满足用户的个性化需求。个性化信息服务是为用户"量身定制"的服务，能够主动将用户所需的信息推送给用户。目前，图书馆开展的个性化网络信息服务大多是通过开发 My Library 系统实现的，即"我的图书馆"。例如，中国科学院国家科学数字图书馆提供的个性化集成定制服务，即"我的数字图书馆"服务，提供的可定制的选项包括界面风格定制、我的参考咨询服务、定制快速检索、我的图书馆链接、我的教育研究资源链接、我的参考书架\我的全文数据库、最新资源通报。个性化的网络信息服务是高校图书馆创新服务的一种有效形式，是高校图书馆以读者为中心的具体体现，是提高服务质量和服务水平的重要手段和有效途径。

## 四、高校图书馆人力资源管理的创新

馆员的素质是高校图书馆提供高质量服务的根本保证。在美国，还有这样一种说法：图书馆服务所发挥的作用，5% 来自图书馆的建筑物，20% 来自信息资料，75% 来自图书馆员的素质。也就是说，在图书馆的服务中，图书馆员作为知识和智力的载体在图书馆生存和发展中成为首要因素，优秀的图书馆员成为图书馆最重要的资源。因此，高校图书馆应不断推进人力资源管理的创新，改革管理体制，激发馆员的积极性，提高馆员的素质，以保证创新活动的顺利进行。

### （一）设立学科馆员制

设立学科馆员制，就是要让学科馆员定期下到院系，向院系的师生介绍图书馆关于本学科的新资源、提供的新服务，要深入各学科了解教学科研对专业文献信息的需求，有针对性地对学科专业文献信息进行收集整理和分析研究，以及进行相关创新知识的整合，主动为各学科读者和课题研究人员提供高水平、深层次的信息服务。学科馆员的设立为那些具有专业学科知识，又有一定的信息服务技能的馆员提供了发挥他们特长的空间，同时能激励他们进行专业领域学术的研究，不断提高自身的专业素质，从而在整体上也带动了整个图书馆队伍素质的提高。

## （二）"以馆员为本"的激励机制

"以馆员为本"主要是针对图书馆的管理者来说的，高校图书馆的管理者不仅要有"以用户为本"的思想，还要树立"以馆员为本"的思想，充分调动馆员的积极性，激励他们不断地进行创新。只有通过激励机制，奖勤罚懒，按业绩、按劳动量、按创造性进行合理分配，才能使馆员在工作中真正发挥其积极性和创造性，更好地为读者服务。

高校图书馆建立激励机制的具体方式有物质利益激励方法、个体精神激励方法、外部因素激励方法。高校图书馆在实施激励机制的过程中，要恰当地进行物质利益激励，因为这是改善图书馆馆员生活环境和生活质量的基础，也是馆员学习和工作的基础。个体精神激励方法包括榜样激励、荣誉激励、绩效激励、目标激励和理想激励。外部因素激励包括组织激励、制度激励和环境激励。

## （三）完善人才培养机制

由于馆员的素质对高校图书馆的事业有着非常重要的意义，这就要求高校图书馆要重视对人才的培养，加大对人力资本的投入力度，促进馆员的知识更新和技能提高，鼓励馆员积极参与学习。建立人力资源的教育培训体系并使之制度化，将使高校图书馆的人力资源开发工作走上科学化的轨道，从而避免因为领导的变动和主要领导的个人偏好不同导致在人力资源教育培训计划上出现大的反复。为此，高校图书馆要建立正常的馆员教育培训制度，使馆员把学习新知识、新技术、更新思想观念作为自己安身立命的根本，把学习和培训作为一种积极的自觉投资，而不是作为一种被迫的额外消费。高校图书馆可通过在职进修、轮岗制度、馆内培训和外出学习等方式对馆员进行再教育。高校图书馆有责任为员工提供一个高效的不断学习的环境，使图书馆员能随时利用各种机会学习、进修专业知识，这样不仅能使馆员的个体素质提升，还能使高校图书的整体人力资源水平有大幅度提高。

总之，高校图书馆只有不断地创新和完善人力资源管理，树立"以馆员为本"的理念，吸引和培养一批具有创新能力和创新精神的高素质人才，才能适应新形势的要求，才能实现自身的可持续发展。

# 第四节　高校图书馆服务创新理论基础

## 一、高校图书馆创新的理论基础

印度著名的图书馆学家阮冈纳赞于 1931 年提出图书馆学五定律，其主要内容如下：书是为了用的、每个读者有其书、每本书有其读者、节省读者的时间、图书馆是一个生长的有机体，这五条定律的提出彻底改变了传统图书馆以"收藏"为主的服务观念，强调了图书馆服务的重要性。首先，第一定律"书是为了用的"改变了传统图书馆以收藏为主要使命的观念，确立了以利用为根本的服务宗旨。第二定律"每个读者有其书"要求图书馆为每一个读者提供图书，强调服务对象。第三定律"每本书有其读者"要求图书馆的藏书发挥作用，强调服务的针对性。第二、三定律从根本上确立了图书馆服务从书本位到人本位的基本思想认识，用"为人找书"和"为书找人"这两个短语十分简练地概括了这两个定律。第四定律"节省读者的时间"强调图书馆服务的效率和效益，图书馆服务的直接作用就是节约读者的时间。第五定律"图书馆是一个生长的有机体"概括了图书馆的发展观，馆藏在增长，需求也在变化，因而图书馆服务也需要不断创新和发展。可见，图书馆学五定律既是图书馆服务的基本原理，又是图书馆服务的指导原则。

1995 年，美国著名的图书馆学家迈克尔·戈曼在阮冈纳赞五定律的基础上，又提出了图书馆学的新五定律：第一定律，"图书馆服务于人类文化素质"；第二定律，"掌握各种知识传播方式"；第三定律，"明智地采用科学技术，提高服务质量"；第四定律，"确保知识的自由存取"；第五定律，"尊重过去，开创未来"。可以看出，新五定律的提出有其鲜明的时代特征，更适用于图书馆目前所处的信息环境。新五定律强调的仍然是图书馆的"服务"功能，只是将其提升到现代化服务这一高度。新老五定律的提出为我们提供了理论基础，说明图书馆的最终目的是为用户提供有效的服务，"服务"是图书馆一切工作的出发点，是图书馆员要具有的一个核心理念。

南开大学的柯平教授将新老五定律的服务精神进行了提炼，结合信息时代图书馆服务的发展要求，提出了建立图书馆服务的新五定律：第一定律，"全心全意为每一个读者或用户服务"；第二定律，"服务是效率、质量与效用的统一"；第三定律，"提高读者或用户的素养"；第四定律，"努力保障知识与信息的自由存取"；第五定律，

"传承人类文化"。其中，第一定律依然强调图书馆的服务本质，从思想上树立"以读者为中心"的服务理念。第二定律强调了服务过程中要注意的原则，即要在最短时间内为读者提供保质保量的信息资源，节省读者的时间，并保证所提供的资源得到充分利用，"效率""质量""效用"三者缺一不可。第三条定律强调了现代图书馆的教育职能，要通过培训努力提高读者或用户的信息获取能力和信息素养，读者通过图书馆的服务提高了自身的信息素养，也充分体现了高校图书馆"服务育人"的精神。第四定律强调的是图书馆在目前法律环境尚未成熟的条件下，通过采取各种有效的措施，努力保证各种知识与信息能够被读者自由使用，这是图书馆服务的理想境界。第五定律是图书馆服务的深远意义，有了图书馆服务，知识和信息得以传播，知识信息可转化为生产力和财富，劳动者素质得到全面提高，进而促进生产力和社会的进步，从长远来说可以促进人类文化的发展。

从以上对新老五定律的论述可以得出以下结论：无论图书馆如何发展，发展到什么程度，服务是其不变的宗旨。只不过随着时代的发展，面对数字化、网络化的环境，图书馆应该在服务模式、服务内容、服务手段等方面进行不断地创新，能不断满足读者的需求。新老五定律对图书馆的服务创新活动具有很好的现实指导意义。

## 二、现代服务创新的相关理论

### （一）创新概念的来源

"创新"一词来源于拉丁语里的"innovare"，意思是更新、制造新的东西或某种改变。事实上创新的概念很难界定，很难回答哪些事物是创新或不是创新。

目前，国内外都比较认同把经济学和管理学意义中的创新含义作为对创新的界定，这种界定也就是著名美籍奥地利经济学家约瑟夫·熊彼特于1912年在其著作《经济发展理论》中的定义：创新是指新产品的开发、新市场的开拓、新生产要素的发现、新的生产经营过程的引入以及新组织形式的实施。熊彼特在创新概念的界定中非常强调"组合"的作用，在他的思维框架中，创新被看作把一种从没有过的关于生产要素的"新组合"引入生产体系中。"新组合"包含以下五个方面：

（1）引入新产品，即"产品创新"。
（2）引入新的生产方法或新工艺，即"过程创新"。
（3）开辟新的市场，即"市场创新"。
（4）取得或控制原材料或半制成品的一种新的供给来源，即"输入创新"。
（5）实现新的产业组织方式或企业重组，即"组织创新"。

45

由此可见，熊彼特对创新含义的理解是相当广泛的。从总体上讲，熊彼特的创新概念包含了很广的范畴，既涉及产品创新，又涉及市场、组织和运营过程等形式的创新。他的这一理论也为今后服务创新理论的研究奠定了基础。

### （二）服务创新的概念

从广义上讲，服务创新是指一切与服务相关或针对服务的创新行为与活动；从狭义上讲，服务创新就是指发生在服务业中的创新行为与活动。由此可见，服务创新的概念相当宽泛，即服务创新活动不只局限于服务业本身，同样存在于其他产业和部门。服务创新发生的范畴可分为三个层次：服务业、制造业、非营利性的公共部门。由于服务在本质上是一个过程，具有"无形性""易逝性"和"不可储存性"等特点，因此服务创新也具有不同于技术创新的独特特征。

### （三）服务创新的基本特征

基于服务本身所具有的特征，服务创新具有以下基本特征：

1. 无形性

技术创新是一种有形的活动，结果也是一种有形产品，而服务创新则是一个无形的过程，其结果也是一种无形的概念和标准，如一种新的服务方式、新的服务理念。

2. 多样性

正如前面提到的有关创新的概念，服务创新中不仅包括技术创新，非技术创新也是一个重要的因素。服务创新的类型不仅包括产品创新、过程创新、市场创新和组织创新，还包括"专门创新""传递创新""形式化创新"和"社会创新"等形式。

3. 用户导向性

相对于技术创新的技术导向性，服务创新则更多地以用户的需求为导向，通过对用户需求的研究，能更好地推动服务创新，用户不仅能推动服务创新活动，还能积极地参与到创新过程中来。

4. 交互性

服务创新的交互性体现在两个方面：一是与用户的交互，即前面提到的以用户需求为导向，在与用户的沟通中进行创新活动，用户的思想是创新的重要来源。二是企业内部的交互作用，包括领导与员工、员工之间的交互作用，即相互学习、交流，把员工头脑中的隐性知识转化为显性知识，达到知识共享的效果，以更好地推动创新活动的进行。企业内部的这种相互交互作用尤为重要，质量的好坏也直接影响到创新的效果。

5. 渐进性

服务创新的过程实际上就是在原有服务的基础上进行提高的过程，过程是渐进性的，较少有根本性的创新。

# 第三章　智慧时代高校图书馆服务创新的模式

## 第一节　高校图书馆知识服务模式

### 一、图书馆学科知识服务概述

#### （一）图书馆知识服务与学科馆员制度

目前，各领域对知识服务的研究仍处于初级阶段，对知识服务概念的界定还众说不一。所提出的概念在以下三个方面基本达成共识：第一，知识服务要以信息和知识的获取、组织、整合、重组为基础；第二，要以解决具体而实际的问题为目标；第三，追求知识服务对问题解答的价值效益。不同领域的知识服务的适用范畴不同，知识服务概念的界定要与相关领域的服务主体和客体的范畴相适应。

学科馆员制度是高校图书馆根据馆员的专业知识背景和实际能力，指定馆员与对口院系建立密切联系，主动为对口院系开展全方位信息服务的一种服务模式。这种服务模式有助于图书馆更好地融入学校的教学和科研活动中，加速信息资源的传递与交流，促进学校教学科研活动的开展，有针对性地为教师和学生利用图书馆提供帮助，解除他们在利用文献资源过程中的疑虑和困难，为其项目研究提供深层次服务。

#### （二）高校图书馆学科知识服务

高校图书馆学科知识服务是指将知识服务与学科馆员制度结合起来，按照学科专业领域组织人力和资源，提供专业化知识服务的一种服务方式。根据知识服务的定义，我们可以将高校图书馆学科知识服务的含义界定为以学科馆员的专业知识和图书情报知识为基础，针对用户在知识获取、知识选择、知识吸收、知识利用、知识创新的过程中的需求，对相关学科专业知识进行搜寻、组织、分析、重组，为教师和学生提供所需专业知识的服务。

　　高校图书馆富有竞争力的服务必须与学校的学科建设密切相关。相同学科研究领域的科研与教学人员，其科研环境、知识结构、心理特征、研究习惯、行为方式等都是相似的，对于学科知识与服务的共同需求是相对集中的。因此，"学科化"的知识服务模式能够发挥高校图书馆的优势。构建一个完善的、有效的高校图书馆学科知识服务模式是高校图书馆知识服务的重点，也是提升高校图书馆学科知识服务能力所亟待解决的问题。

## 二、高校图书馆学科知识服务系统的构成

　　高校图书馆学科知识服务系统由学科知识服务用户、学科馆员、信息资源库、学科知识库、学科知识服务平台等构成。

### （一）学科知识服务用户

　　知识服务用户也可称为知识受众，是指通过知识媒介接受知识、获取知识的人或组织。高校图书馆的学科知识用户主要是指高校的教师和学生。

　　在学科知识服务系统中，知识服务用户不仅是知识的接受者和知识产品的消费者，还是知识服务的促进者和激励者，并可能成为未来知识的创造者和知识产品的提供者。高校聚集了各学科领域的专家和学者，他们是知识创新的主力军，他们使高校成为知识创新最活跃的地带。学科知识用户的知识需求状况、利用水平、满意程度，乃至各种反馈意见、评价等都对高校图书馆学科知识服务系统的建立和持续发展起着重要作用。

### （二）学科馆员

　　在整个学科知识服务过程中，学科馆员处于核心地位。学科馆员参与学科知识服务的各个环节，既要具有专业的学科知识背景，又要精通图书馆业务，通过学科化知识智能服务平台向用户提供集成的、全面的知识服务。他们在某种程度上是知识的消费者，在理解问题的基础上，通过对相关学科专业知识（显性知识）的搜集和利用，形成含有自己的经验及思维成果的新的知识产品。

　　学科馆员的角色从以往单纯地依托公共信息资源提供通用服务，转为全面介入资源建设、联合服务、用户培训、信息服务平台维护和参考咨询等整体工作流程，从单纯的知识提供者转变为信息资源的建设者、个性化和学科化服务的提供者以及学科特色知识库的建设者和推动者。学科馆员还将高校在特色学科方面的资源和服务进行有机地整合，形成馆院协调、灵活有序的工作模式，从而为教师和学生提供简便、高效、个性化、专业化的知识服务。

## （三）信息资源库

信息资源库目前包括图书馆的馆藏资源库、各种信息检索系统以及网络资源等。信息资源库主要是以文献、事实、数据等人类显性知识为表现的海量信息，对其进行组织管理的过程可称为信息管理。信息资源库可以按照学科分类来组织和管理信息资源。图书馆在信息管理方面的理论与实践已经相对成熟。信息资源库中的显性知识是学科知识服务的素材和基础。随着对知识组织、知识挖掘、知识发现、知识揭示、智能技术等各方面研究的不断深入，传统的信息资源库将向着包含隐性知识在内的知识库的方向转化。

## （四）学科知识库

学科知识库是学科知识服务系统中重要的组成部分，也是知识服务有别于信息服务的重要特征之一。

学科知识库中的知识包括学科馆员在解决知识服务用户提出的问题的过程中搜寻到的显性知识，也包括学科馆员运用自身的隐性知识以及利用从信息资源库中获取的显性知识所形成的，能够解决用户特定问题的新的知识产品或知识成果。这些知识被捕获、录入知识库，并经过加工、整理、评价、排序等程序构成知识库的主体，以便在合适的时机提供给新的用户或者进行进一步加工形成新的、更高层次的知识产品。学科知识库与其他知识库的不同之处就在于其内容是严格按照学科分类进行组织的。高校还可根据自身的专业优势建立特色学科知识库。

## （五）学科知识服务平台

学科知识服务平台是联系知识服务用户和学科馆员的媒介，是学科知识服务系统的外在表现形式，可以是两者得以联系的一个虚拟环境，也可以是一个服务系统的形式体现。学科知识服务用户通过知识服务平台享受服务，学科馆员通过这个平台向知识服务用户提供服务。学科知识服务系统的各个组成部分均在此平台上以醒目、有序、便捷的方式展现。此平台的建立、维护和发展需要依靠先进的信息技术，对服务过程的各环节进行有效的组织和管理。

学科知识服务智能化平台集成了学科知识门户、学科导航、RSS 定制与推送、网络资源揭示、知识挖掘、定题知识服务等资源和工具，是一个需求驱动的学科化、智能化服务平台，支持学科馆员的学科需求分析、学科化知识化信息选择与集成、个性化服务设计与管理等工作。该平台建立在学科知识库、特色资源数据、虚拟学科大类分馆平台之上，与个人数字图书馆、个性化信息环境相连接，能帮助学科馆员顺利深入科研一线，及时跟踪用户需求，并将与需求对应的个性化服务嵌入用户信息环境中，全面落实学科化、知识化、个性化、智能化的服务目标。

学科导航服务是对学科及相关学科知识进行归纳、组合、序化与优化，通过学科专业网站全方位地对学科资源进行集成与揭示，以便用户了解该学科领域的资源全貌。学科馆员依托成熟的校园网络和丰富的虚拟馆藏资源，为重点学科建立专业资源学术信息导航网站，使重点学科的专家学者能够通过专业导航网方便快捷地利用网上丰富的信息资源，掌握学科前沿动态。

网络资源揭示的主要方式是建立学科导航系统：利用搜索引擎在网络上全面搜索，通过选择、评估找到有价值的网站，将收集的相关网页下载、分类、标引，进行有效链接，并按照统一格式对网站进行客观的描述，给予公允的评价，形成便于浏览与检索的学科导航库。高校图书馆有责任承担对丰富的网络学术性资源整序的任务。

学科知识挖掘服务是面向内容的知识服务的一种主要形式。它是通过对资讯进行定性定量处理以挖掘隐含在其中的知识内容的一种服务。其特点主要是进行知识创新，发现未知的知识间的关联。这种深层次的学科知识服务更多地依赖人工智能技术的成熟与发展，支持这一过程的核心技术是特征提取、分类、聚类和关联规则发现、知识评价等。学科馆员在对用户需求分析的基础上，进行知识采集、知识过滤与挖掘、知识提供，通过用户满意度评估来评价整个知识服务过程。

定题知识服务主要指学科馆员针对用户的研究课题或学科重点知识需求，自动提供针对性极强的学科专业化定制服务。高校大多承担着国家或地方的科研项目，学科馆员要主动与承担科研项目的学科用户联系、沟通，深入了解课题立项的背景、项目要求与内容、经费及其他情况，设计定题服务方案，制定检索策略，建立定题服务数据库；通过推送服务不断为该学科科研项目提供动态、新颖的专题信息知识以及与课题相关的文献资源、该课题的最新研究成果、网络资源信息等，做到从学科课题立项到科研成果鉴定全过程的定题跟踪服务；通过定题知识服务提高知识服务对用户需求的支持力度。

RSS 是基于 XML 技术的因特网内容发布和集成技术。RSS 服务能直接将最新的信息即时主动推送到读者桌面，使读者不必直接访问网站就能得到更新的内容。读者定制 RSS 后，只要通过 RSS 阅读器就可看到即时更新的内容。

学科知识服务智能化平台集成各种技术与资源，为用户提供全方位、个性化、智能化的学科知识服务。

### 三、高校图书馆学科知识服务模式构建

根据上述高校图书馆学科知识服务系统的构成要素、各要素的特点及相互关系，可以构建出高校图书馆学科知识服务模式（图3-1）。

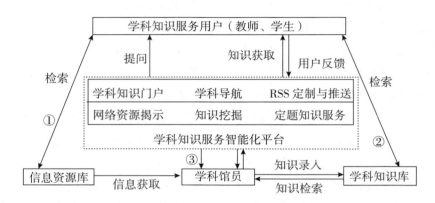

图3-1　高校图书馆学科知识服务模式

高校图书馆学科知识服务与传统图书馆的参考咨询服务程序相似，但也有所不同，具体包括以下几个方面。

#### （一）知识服务用户的提问

知识服务用户可通过三种途径获取信息和知识，解答自己的问题：①学科知识服务用户即高校的师生可直接在信息资源库中检索自己所需的信息。②学科知识服务用户直接在学科知识库中检索自己所需的信息和知识。③学科知识服务用户与学科馆员交流，阐述自己的问题，并期望学科馆员提供解决该问题的知识或知识产品。如果用户采取第三种途径，其问题的解决过程就是一个完整的知识服务过程。

#### （二）学科馆员明确用户提问，确定用户需求

图书馆通过学科知识服务平台受理用户提问，根据问题的性质、所属的学科范畴，将用户推荐给相关学科的学科馆员，或将提问转交给相应的学科馆员。学科馆员通过与知识用户的交流明确用户的提问，分析用户的真实需求，或更深层次地挖掘用户的潜在需求。这种学科馆员与知识用户沟通、交流的方式弥补了计算机系统只能针对表达清晰的用户需求展开服务的不足。学科馆员可以对用户未能表达的、潜在的或表达不清的需求展开尝试性、探索性的服务，以引导知识用户明确认识并确切表达自

身的需求。学科馆员与用户间的有效交流是制定知识服务策略和选择知识服务工具的基础和前提。

**（三）学科馆员分析用户提问，制定服务策略并选择服务工具，提供知识服务**

学科馆员在明确用户需求的基础上，对用户需求进行分析，确定服务策略并选择服务工具。学科馆员可依据具体问题来确定是利用自己或合作者的知识储备直接解决问题，还是从知识库中查询已有知识，或是选择合适的信息资源获取相关信息，经选择、分析、整理、升华之后，形成新的知识产品提供给用户。

高校图书馆在接受有关大型科研项目的检索提问时，需要成立专门的知识服务小组，小组中的学科馆员共同分析问题、制定服务策略、选取合适的服务工具，为科研项目提供信息、知识保障。

学科馆员根据用户层次、用户需求的不同，可提供以下几种知识服务：①密切联系对口学科和院系，面向学科领域、研究主题及个性化需求进行学科资源建设。②学科信息检索代理服务。③学术信息交流组织与管理服务。④学科知识服务用户信息素养及信息获取能力培养服务。

**（四）知识服务用户的意见反馈**

知识用户获得学科馆员提供的知识后，需要对知识服务进行意见反馈。如果满意，本次服务告一段落；如果不满意，学科馆员还需要重新进行询问、交流与服务。

用户意见反馈是对学科知识服务质量的评价指标之一。学科知识服务系统的建立、运行和日渐完善离不开服务对象的反馈，也离不开对服务结果的评论、分析以及在此基础上的调整、修饰和重构。

**（五）学科知识库的管理**

对于知识服务用户来说，得到了满意的答案就意味着知识服务的结束，但对于整个学科知识服务系统来说，还有一个重要的环节，就是对服务产生的知识记录加以积累、整序，按学科门类组织形成知识库。随着学科知识服务对象的增加、范围的扩大、学科的细化、内容的深化以及方法的变换，学科知识库中的内容也会不断增加、更新、完善和优化，这些工作就是对学科知识库的组织和管理。

对学科知识库的组织与管理不仅要重视各学科的显性知识、提问结果和最终形成的知识产品的记录，还要注重与检索结果密切相关的一些隐性知识的记录。

学科知识服务是高校图书馆较具优势的一种新型服务模式。它以学科为基础，采用先进的信息技术和网络技术，为高校图书馆用户提供深层次、知识化、专业化、个性化的集成服务，能够适应科技自主创新的要求，最大限度地满足高校师生的个性化信息与知识需求。因此，学科知识服务必将成为未来高校图书馆知识服务发展的主流。

## 第二节　高校图书馆移动服务模式

1962 年，著名的媒介理论家麦克卢汉提出"地球村"概念。在几十年后的今天，互联网真正建立了一个虚拟地球村。运用云技术，我们可以不再依赖特定的图式和编码系统实现全球化的资源共享。特别是伴随着互联网正式进入移动互联，3G、4G、WLAN 等移动网络的普及，Web 2.0、社交网络与智能手机等一系列技术的进步共同掀起了信息资源的移动共享浪潮，SoLoMo 在高校图书馆移动服务中的应用越来越广泛。

### 一、移动环境下高校图书馆用户信息需求

信息需求是个体遇到问题时的一种心理状态，是已经转化了的、具体的、可操作的请求。信息需求是信息行为产生的前提和基础，只有当其达到一定强度时，信息需求才会转化为信息动机以驱使其采取某种行为去实现自己的目标。信息服务就是针对用户的信息需求将开发好的、整理好的信息产品以方便的、准确的形式传递给用户的活动。

高校图书馆的信息服务已经从以图书馆系统为中心逐渐演变成以用户为中心的服务模式。诚然，高校图书馆的移动服务不仅包括虚拟平台上的服务，还涵盖物理空间上的服务，但是在移动互联网的时代背景下，高校图书馆移动服务的终极目的仍是移动信息服务。至此，高校图书馆开展个性化的移动服务的首要任务就是要了解其用户的信息需求。高校图书馆的用户主要由大学生和教师构成，因而其移动服务也要围绕这两个用户群开展。

#### （一）移动环境下大学生的信息需求

大学生通过移动网络对时效性信息的需求很强烈，如图书馆的通知与公告、借阅信息提醒、自习座位实时状态、招聘信息、就业资讯等。移动环境除了能够帮助大学生明确信息需求，方便、快捷地主动获取所需信息外，还有助于其对隐性的信息需求进行挖掘。移动网络使学生更乐于被动地接受信息，他们通过微博、微信等移动平台

浏览推送信息，在此过程中隐性信息需求被转化为明确的信息需求。

### （二）移动环境下高校教师的信息需求

在大学课堂上，高校教师不再单一地传授理论知识，而是将理论与实践相结合。与大学生群体更乐于被动地接收信息不同，传道授业解惑的高校教师的信息需求更偏向于主动获取，他们的信息需求主要包括对学科专业知识的需求、对实践技能的需求以及对时事信息的需求。

移动网络的发展与推广使高校教师的信息需求同样具有实时性与即时性。由于工作繁忙，教师更希望能够按需随时随地地获取信息，并且非常需要即时获取学科专业的最新动态与科研成果。为了使大学生的课堂更加和谐，高校教师也需要了解更多的时事要闻与新闻动态。

总之，高校图书馆通过移动服务能真正实现用户任何时间、任何地点获取信息的愿望，用户通过高校图书馆的移动服务能尽情享受移动互联网所带来的全新阅读体验。

## 二、高校图书馆移动服务模式的嬗变

从 2000 年开始，移动服务就已成为国内外图书馆界研究的新主题之一。2003 年，北京理工大学图书馆率先在国内开展移动服务。随着网络技术，特别是移动网络的发展与革新，国内高校图书馆的移动服务模式与服务内容也在不断改进。2003—2005年，我国高校图书馆相继开始利用以手机为终端的短信提醒与推送服务，2008 年开始，一些高校图书馆又推出 WAP 方式的手机网络服务。到 2010 年，清华大学图书馆等又开始推出基于 IOS 与 Android 平台的客户端应用，并开发出智能聊天机器人，方便读者查询馆藏图书、查询百度百科、图书馆知识问答，甚至可以用于娱乐消遣。2011 年，微信一经推出便因其新颖、快速、便捷的特点迅速成为中国智能手机用户主要的通信及社交工具，微信公众平台也成为高校图书馆移动服务的新模式。总之，伴随网络通信技术的发展，高校图书馆的移动服务模式也随之不断演变与更迭。

### （一）高校图书馆短信服务模式

短信是高校图书馆最早利用移动技术为读者提供服务的方式。短信服务模式对网络接入环境要求不高，不需太高的移动终端的软硬件配置，成本非常低廉，因此成为当前高校图书馆使用最为广泛的服务模式。但是，"门槛"低也就意味着短信服务只能承载少量的信息，无法承担大数据的工作。因而，目前我国高校图书馆的短信服务主要包括查询个人借阅信息、预约和续借、查询图书馆 OPAC 以及通过短信接收图书馆主动发布的各类信息等。

## （二）高校图书馆 WAP 网络服务模式

WAP 即无线应用协议，是一种全球性的开放协议。WAP 使移动 Internet 有了一个通行的标准，把目前 Internet 上 HTML 语言的信息转换成用 WML 描述的信息并显示在移动电话等手持设备上，因此 WAP 网络服务模式成为当今高校图书馆移动信息服务最主流的服务模式。借助 4G 的优点，高校图书馆能够充分揭示馆藏资源与服务，并将 WAP 网站设计得更加友好与人性化。例如，通过 WAP 平台发布图书馆的各类公告、新闻动态、书刊推荐等，支持用户进行在线资源检索，为用户提供移动阅读等信息服务。

## （三）高校图书馆客户端 App 服务模式

客户端 App 即客户端应用，就是可以在手机等移动终端上运行的软件。伴随 4G 的全面推广、Web 2.0 的发展以及智能手机等移动终端的迅速发展，客户端 App 应用软件成为移动网络发展的重点。客户端 App 操作简单、内容丰富、功能强大，能够实现 WAP 方式不支持的功能，避免高校图书馆用户繁复的网址输入，因此客户端 App 成为当今最先进的一种高校图书馆移动信息服务模式。4G 等高速移动网络为高校图书馆客户端 App 的发展奠定了坚实的基础，能够推动客户端 App 向着更多类型、更多内容、更多功能等方向发展。但是，目前我国高校图书馆的客户端 App 服务模式还处在起步和摸索阶段，提供移动客户端 App 服务的高校图书馆还不多，可提供的客户端资源也不够丰富。

## （四）高校图书馆微信公众平台服务模式

虽然客户端 App 优点很多，但是其研发的工作量和投入经费都非常巨大，使许多经费有限的高校图书馆都望而却步。微信公众平台的出现成为高校图书馆开展移动信息服务的一个新选择。

微信是 App 软件的一种，但它不是图书馆自主研发的 App，而是腾讯公司自 2011 年推出的一种免费的即时手机通信软件。微信公众平台是在微信基础上推出的新功能模块，是一个开放的平台，个人和企业可以通过微信公众平台打造一个微信的公众号，进行群发文字、图片、语音、视频、图文消息五个类别的内容。高校图书馆可以通过平台提供的 API 接口技术，根据自身与用户需求进行二次开发，为用户提供更快、更全、更多的移动信息服务内容。例如，清华大学图书馆的微信公众号定期发送"清图微报"，通过指令式互动，支持查询图书馆的书展、讲座、馆藏、个人借阅情况、座位实况等信息。

通过微信公众平台，高校图书馆可以跟每一位用户进行实时的交流与沟通，并且能够根据用户的不同需求推送信息，如可以向大学生群体提供图书馆的通知、公告与培训信息，提供借阅信息提醒、自习座位实时状态、招聘信息等；对于教师群体，高校图书馆可以将学科服务整合在微信公众平台上，为教师实时提供学术与科研的相关信息。目前，微信公众平台提供的移动信息服务内容主要包括图书馆馆藏图书的查询、续借、推荐，读者讲座、培训、活动通知，定位服务，实时咨询与反馈，等等。

总之，微信公众平台服务模式扩大了高校图书馆移动信息服务的外延，弥补并消除了一些高校图书馆在资金投入方面的不足和技术支持方面的障碍，降低了高校图书馆提供移动信息服务的门槛。移动 4G 的普及使超大文本与视频传输成为可能，高校图书馆可以借助微信平台向用户推荐更多的移动内容并提供更丰富的移动视频服务。

### （五）高校图书馆移动信息服务云平台模式

移动环境下，用户对信息资源内容与个性化服务水平的要求进一步增强，高校图书馆移动信息服务的基础就是资源建设，为了弥补单一馆藏的不足以及资源的重复浪费，构建安全、可靠、高效、统一的用户云平台至关重要。

因此，应从宏观上建立国家级的共享移动资源内容，通过汇集各高校图书馆订购的馆藏资源构建电子资源内容云，建立高校图书馆间的虚拟"地球村"，使各高校图书馆能够实现资源共享，共同使用移动数字云资源库。高校图书馆通过云内容按需为用户提供全天候的移动服务。当前，中国高等教育文献保障系统（CALIS）的 e 读平台已经初步具备了上述功能。

除此之外，美国国家标准与技术研究院（NIST）从用户云服务体验的角度将云服务划分为 IaaS、PaaS、SaaS 三种服务模式。高校图书馆可以依据本馆的用户类型、用户规模与用户需求重点突出某一种云服务模式或将几种云服务模式相融合构建本馆个性化的云服务模式平台。

总之，我国高校图书馆在移动服务上不断探索并取得了一定成绩，但真正推出移动服务的高校图书馆仍数量有限且社会覆盖率还有待提高。当前，国内高校图书馆的移动服务模式仍以短信服务为主流，而国外是以 WAP 网站访问为主流的服务模式。因此，我国的高校图书馆应根据本馆实际情况，开发符合不同用户信息需求的服务模式与创新服务内容。

## 三、高校图书馆移动服务创新

### （一）移动借阅服务

手机阅读已成为多数大学生的阅读方式。手机阅读这种碎片化的阅读模式，作为移动阅读的重要组成部分已经超过了传统纸质阅读与电脑阅读，冲击着整个阅读市场。2011 年，美国已有 67.2% 的图书馆提供电子书外借服务，但在中国这类服务才刚刚起步。

移动网络与智能手机的普及为移动阅读带来了更多机会，高校图书馆用户无疑是移动阅读的重要人群，因此高校图书馆应该发挥自身阅读资源丰富的优势，建设本馆特色资源（学位论文、会议论文、专利文献等）保障体系，大力发展移动借阅服务以满足用户的移动阅读需求。

### （二）视频教育服务

视频教育由来已久，但受限于软硬件，原来的视频教育都是通过电视或电脑来实现的。随着 4G 网络、家庭与公共场所 Wi-Fi 上网的普及，用户通过手机等移动终端在线看视频的网速限制已经得到初步解决；智能手机与移动设备的性能提升也为移动视频播放创造了条件；移动视频客户端的优化给用户带来了更好的视觉体验。当前的视频教育已经移植到手机等移动终端上，4G 网络可以保证视频更加清晰、内容更加丰富、传输更加及时，真正实现高校教育视频的实时发布。

与国内商业网站提供的教育类视频相比，高校图书馆在视频教育的来源与内容方面存在绝对优势。高校图书馆的视频教育主要包括三种：第一种是高校学科的专业课视频；第二种是高校图书馆自身用户的培训视频；第三种是高校图书馆的可视化参考咨询。通过 4G 等移动互联网，高校图书馆可以随时随地根据用户需求提供各类视频教育资源，努力构建独特的移动视频教育服务平台，提升本馆的移动信息服务水平。

### （三）移动付费服务

2013 年，阿里巴巴和腾讯两大公司的打车 App 之战硝烟四起，他们通过疯狂的补贴方式开启了国内移动支付的大门，可见移动付费市场的潜在威力。高校图书馆是公益事业，不会以营利为目的，但借助移动网络以及移动付费平台进行移动支付可以为用户利用高校图书馆的特定服务提供方便，免去需要用户亲自来图书馆交费的麻烦，实现高校图书馆各项移动信息业务的实时交互。

### （四）移动社交网络服务

社交网络服务（SNS）是为一群拥有相同兴趣的人创建的在线社区，现已成为移动互联网最普及的应用，是当前高校图书馆用户最主要的沟通与交流方式。随着数字出版的发展，科研成果的发布已不再局限于期刊发表，越来越多的学术成果开始通过开放获取平台和社交网络进行快速传播与评价，引发了科学计量学的新革命，即基于使用学术社交网络的学术影响力评价理论——Altmetrics 应运而生。可见，社交网络对大学生，尤其是高校教师而言，更有助于学术交流。为了满足用户的上述信息需求，高校图书馆的移动服务需要将各种SoLoMo应用整合到自身服务中，如提供热门社交网络入口，开通微博、微信等社交网络服务。

### （五）个性化推送服务

随着科学研究进入第四范式，即数据密集型科学范式，大数据时代已真正来临。高校图书馆拥有的大数据，首先是图书馆大量的结构化的馆藏数据资源，其次就是图书馆大量用户的非结构化数据。随着4G的逐步推广与普及，高校图书馆的数据会随之大量激增，因此需要图书馆具备处理大数据的能力。通过对大学生和教师大数据的分析与挖掘，高校图书馆可以准确推测用户的信息需求，做到真正意义上的个性化推送服务。虽然此项工作才刚刚起步，但是利用大数据分析并推广移动服务是高校图书馆今后的工作趋势。

图书馆的服务本质和社会使命可以用"5A"来概括，即任何用户在任何时间、任何地点均可以通过任何设备获取图书馆拥有的任何信息资源，这也是高校图书馆服务的根本。移动互联网技术与SoLoMo的发展使高校图书馆5A级服务的梦想正稳步走进现实。当前，我国高校图书馆的移动服务已经开展了多年，由于各种移动终端、移动网络并存，我国高校图书馆的移动服务模式仍处于各种模式并存的状态，发展还比较缓慢、普及率也不高，但4G等移动互联网为高校图书馆的移动服务带来了新的契机。高校图书馆应紧扣国家大力发展移动互联网的时代脉搏，时刻保持技术敏感度与服务竞争力，开发符合本馆用户信息需求的移动服务模式与创新服务内容，并将理论付诸实践。

## 第三节　高校图书馆信息共享空间服务模式

随着计算机技术、多媒体技术、网络技术、现代通信技术的发展，人们的学习方式和接受信息的方式发生了重大变化，学习环境更多的是强调协作性和共享性。在这种环境的要求下，高校图书馆以"用户为中心"的信息服务模式，即基于用户的信息需求、以满足用户信息需求为目标的信息服务工作模式应运而生。20世纪90年代初，美国高校图书馆界为了满足高校这种研究和学习的需求，发展了一种新型服务模式——信息共享空间。最初的信息共享空间只是一个供学生写论文和编程的电脑学习室。经过多年的发展，现在信息共享空间已经发展成为一个可以为用户提供各种信息集成服务的场所，成为美国高校图书馆备受用户欢迎的主流服务模式，为构建我国高校图书馆的信息共享空间提供了理论和实践上的指导。

## 一、信息共享空间的模式、原则和目标

### （一）信息共享空间的模式

尽管信息共享空间已经成为美国高校图书馆的主流服务模式，但对信息共享空间模式的研究，学者和专家各有自己的观点，其中代表性较强的有两层次模式和三层次模式。

1. Donald Beagle 的两层次模式

美国北卡罗来纳大学的 Donald Beagle 是两层次模式的主要倡导者，他在自身实践的基础上，于 1999 年提出了"Information Commons"这一概念，认为信息共享空间是以数字化信息资源环境为背景、为信息供需双方特别设计的一个协同工作空间，它可以使用户与馆员、用户与用户之间进行显性和隐性知识的交流，通过对组织、技术、资源和服务进行有效整合，实现用户的信息交流。他将信息共享空间划分为虚拟空间和物理空间。

虚拟空间（virtual space）主要是指数字资源的网络环境，使用户通过友好的图形用户界面（GUI），利用搜索引擎从各个工作站点获取数字信息服务。服务的内容不仅包括本馆的馆藏书目信息，还包括各种数字信息资源。

物理空间（physical space）是指通过对馆内的工作场所及提供的各种服务进行组织，为虚拟的数字资源环境提供物理空间上的支持。

2. Bailey 和 Tierney 的三层次模式

Bailey 和 Tierney 认为信息共享空间由宏观、微观和综合三个层次构成。宏观信息共享空间是指对全世界的信息，特别是网络信息资源建立起来的共享空间，这是一种广义的概念。

微观信息共享空间是指一个拥有计算机或数字技术，以及各种外围设备、软件支持和网络基础设施高度集中的场所。

综合信息共享空间能够集成各种数字信息资源，为研究、教学和学习提供相应的信息空间。

此外，Jim Duncan 和 Larry Woods 也提出了三层次的概念，将信息共享空间分为物理层、逻辑层和内容层三个层次，并分析了不同层次存在的应用壁垒。例如，对上网计算机的管理、为各种软件设置许可协议和序列号以及对数据库的访问采用

IP 地址限制等均妨碍了信息的自由流动和共享。

尽管学者和专家提出的模式不尽相同，但基本的思想是一致的，即信息共享空间是为用户提供一站式服务和协作学习环境的场所，它整合了图书馆中各种软硬件资源、数字信息资源以及图书馆人员，为用户提供了一个可以进行信息检索，并能进行交流、学习和协作的空间。

## （二）信息共享空间的基本原则

对于构建信息共享空间的基本原则，2005 年 3 月在上海召开的"第三届中美图书馆合作会议"上，美国图书馆专家将其归纳为四个方面：普遍性，即每一台计算机都有相同的检索界面；适应性，旨在满足所有用户的各种需求；灵活性，适应需求变化和技术变化的需要；群体性，有助于进行共同合作的场所。根据国外信息共享空间的理论和实践研究，笔者认为其基本原则主要由以下三方面构成。

### 1. 需求动态性

随着用户信息意识的增强，用户的需求呈现动态多元化发展趋势。首先，获取信息的途径多元化，用户除自己查找、借阅书籍，更多的是依赖馆内的主动传递。其次，由于学科的交叉渗透及边缘学科的兴起，用户信息需求内容更加多元化、服务更加知识化。这就要求信息共享空间能够及时对用户的信息需求做出反应，采用先进的信息服务技术来满足用户的动态需求。

### 2. 服务集成性

信息共享空间是图书馆中研究、教学、学习和消遣的场所，应该为用户提供集参考咨询、多媒体服务、研究型服务和技术服务于一体的集成信息服务。用户通过集成服务机制"一站式"地获取所需信息，并以最小的代价在最短的时间内获得所需信息。

### 3. 知识共享性

信息共享空间能够满足用户的个性化信息需求，为用户提供能够协作和自由交换信息的共享平台，这在传统图书馆服务中是不存在的。在这样一个协同工作的空间中，用户可以通过直接与用户、工作人员、技术专家进行交流获取信息，也可以利用信息共享空间中配备的各种信息设备获取网络信息资源。它是用户获取知识、共享知识以及进行知识创新的重要场所。

## （三）信息共享空间的目标

无论信息共享空间采取哪一种模式，它在高校图书馆中的应用要实现的目标有以下几种。首先，提供一站式、个性化服务，以满足用户的信息需求；允许用户自由选择并获取硬件设备、软件资源以及网络信息资源，充分利用图书馆资源。其次，用户可以从图书馆员、计算机专家以及多媒体工作者那里获得各种帮助和咨询服务，在信息共享空间工作人员的指导下进行学习和研究，充分体现了图书馆以"用户为中心"的服务思想。第三，强调集中式学习研究，为用户提供一个良好的学习、研究和交流的空间。第四，培养用户检索、评价和使用信息的能力，从而提高用户的信息素养。最后，作为协助用户学习和进行知识管理的工具，以提高用户进行知识创造的能力。

## 二、面向集成服务的信息共享空间的构建

### （一）信息共享空间的战略规划

信息共享空间提供的信息服务模式应该是各部门之间以整体优化的方式来提供的服务功能。因此，在战略规划上要强调各部门之间在功能上的协作，减少组织管理层次，使组织机构体系逐步呈扁平的网状管理结构，以促进部门之间的沟通和协作，使高校图书馆的管理工作更加高效化。

信息共享空间的信息服务充分考虑了用户的需求特点，以分布式多样化数字信息资源的整合为出发点，从而充分体现了高校图书馆的服务特征。

### （二）信息共享空间的构建要素

1. 物理空间

对于信息共享空间，首要的目的就是为用户提供一个舒适的学习和交流的物理空间。空间的构建可以是多媒体的电子教室、供小组交流的讨论室、提高研究水平的咨询区、进行独立创作的单独研究室等。卡尔加里大学的图书馆中就设有一个大的教学区和 10 个大小不等的合作学习研究室，为教师的教学和学生的协作式学习提供了便利的条件。

由于每个人都有自己的学习方式和习惯，因此在构建物理空间时，要充分考虑到每个用户的需求。美国德克萨斯州立大学图书馆的 Koelker 根据用户的不同需求，通过区分个人与集体、有计算机环境和无计算机环境，对物理空间进行了划分。

2. 资源

信息共享空间是集信息资源、各种软硬件设施于一体的综合性服务模式。除提供传统的馆藏资源（如印刷型图书、资料和工具书）外，信息共享空间必须具备丰富的电子资源（如电子期刊、电子图书）、专业数据库、多媒体文件以及网络等信息资源。

在硬件方面，信息共享空间不仅具有计算机、通信设备（有线连接和无线连接），还要提供复印机、打印机、扫描仪、摄像机、投影仪等外围设备。硬件设施还包括在

物理空间中配置的各种舒适的桌椅、沙发等家具设施和宽敞的休息室。在软件方面，要求具备获取电子资源的软件，同时要提供各种办公软件和多媒体播放软件。

信息共享空间的工作人员必须不断地更新各种电子资源，根据用户实际需求增设各种软硬件设施，这样才能保证信息共享空间成为知识管理和提高用户信息素养的一个重要场所。

3. 服务

在数字化环境下，要求信息共享空间提供的服务是集传统的图书馆服务与数字信息服务于一体的集成服务。通过对信息技术、信息资源、服务功能、服务人员、服务机构等各种信息服务要素进行整合，实现整体功能的优化，使用户得到动态的、全方位的、多层次的、多元化的信息服务，用户只需要在信息服务台就能够获取一站式的信息服务。

服务功能主要包括文献借阅传递服务、信息检索服务、数字参考咨询服务、信息发布推送服务、知识导航服务、馆际互借服务、实时咨询服务和用户教育培训服务。具体到不同的服务，又可进行多元分化，如信息检索服务可以分为光盘检索、联机检索、数据库检索、OPAC 检索和智能代理检索；知识导航服务可以具体分为分类导航、学科导航、主题导航和资源类型导航；用户的教育培训可以分为检索培训、图书馆利用培训和信息素养培训。

同时，要加强与国内外公共、高校及科研院所图书馆的合作，在联合采购、联合编目、馆际互借、公共检索、资源导航、合作咨询、联合培训等方面充分共享资源，提升高校图书馆的综合服务能力。

4. 人员

信息共享空间在空间、资源和服务上的实现需要相应的信息共享空间工作人员的支持，因此人员也成为信息共享空间的构建要素。

信息共享空间人员的构成主要包括以下几个方面。

（1）参考咨询馆员，负责资源使用方面的参考咨询。

（2）信息技术专家，负责计算机软硬件和网络技术的支持。

（3）多媒体工作者，为教师开发多媒体教学软件，并能指导学生进行多媒体的制作。

（4）指导教师，利用各种资源进行教学和研究，并能对学生进行一对一的指导。

信息共享空间这一服务模式对人员素质的要求较高，不仅要求工作人员具有与自己的服务相关的技能和技术，还要具备很强的学习能力、领悟能力和实践能力，要能随着信息技术的发展和用户的需求，不断更新自己的知识结构，提高服务水平。因此，图书馆要对工作人员进行定期培训，不断提高他们的综合素质。

### （三）信息共享空间的效果评价

在构建信息共享空间之后，最重要的步骤就是对这一服务进行评价，建立起以用户为中心的信息共享空间服务质量评价体系，保障信息共享空间的有效运行。评价内容应综合考虑信息共享空间的四个构建要素：物理空间、资源、服务和人员。

具体方式可以是向用户发放反馈表格、进行网上调查，或是两种方式结合，正确地了解、分析和评价用户对服务质量的感受和要求。根据评价结果，可以发现服务中存在的不足，不断改善服务设施，改进工作方法，提高服务质量，从而更好地满足用户的需求。

## 三、对我国高校图书馆构建信息共享空间的指导

Fister 指出，信息共享空间之所以能在高校获得如此大的关注并取得成功，主要有两个方面的原因：一是尽管学生拥有各种电子设备，但他们更倾向于在教室里学习和研究，而不是在嘈杂的集体宿舍；二是在查找信息时，他们更喜欢同参考咨询馆员进行面对面的交流。虽然这个概括略为简单了些，但是它正是强调了信息共享空间是应用户的需求而产生的，突出了其在高校图书馆的重要地位。

### （一）我国高校图书馆构建信息共享空间具备的条件

高校图书馆的发展重点经历了"以资源为中心""以馆员为中心"和"以用户为中心"三个阶段，其每一阶段的发展都是为了向用户提供更好的信息服务。高校图书馆的不断发展和进步使其具备了构建信息共享空间的前提条件。

首先，在资源建设方面，无论传统的馆藏资源，还是网络信息资源，高校图书馆都进行了扩充建设，特别是网络信息资源的建设，为师生提供了参考咨询服务、国内外期刊数据库、光盘数据库等，打破了传统图书馆受地理空间限制的局限性，使更多的网络信息资源实现了共享，带来了信息服务的网络化，更好地满足了高校师生对信息资源的需求。

其次，在馆员素质方面，高校图书馆为了满足学校的教学、科研以及社会对信息的需求，鼓励馆员用自己的知识、技术、能力为用户开展信息服务，并针对馆员培养制度提出了"学科馆员""信息导航员""知识型馆员"等相关概念。近些年来，清华大学图书馆、北京大学图书馆、武汉大学图书馆、西安交通大学图书馆等知名高校图

书馆相继试行了这种以特定师生文献需求为中心的"学科馆员"制度，效果很好，深受师生欢迎。

最后，在面向用户服务方面，高校图书馆已经意识到，其所提供的信息服务应以用户需求为中心，以充分满足各种用户需求为目的，及时提供对个人有价值的、专用的信息，体现出个性化的服务模式。

### （二）我国高校图书馆构建信息共享空间存在的问题

我国高校图书馆在不断的发展中，虽然具备了一些构建信息共享空间的软硬件条件，但是在图书馆理念与管理体制方面仍存在着问题。

在理念方面，图书馆没有充分意识到自身建设在高校整体发展中的重要性。国外的经验表明，高校图书馆并不只是提供各种信息的检索机构，还应该在学校的教学和科研创新活动中有所作为。这不仅是高校发展的需要，还是图书馆自身发展的需求，所以高校图书馆应抓住这个机遇，积极参与到全校师生的教学和科研活动中去，为他们提供能够进行知识创新的信息共享空间。

在管理体制方面，目前高校图书馆基本上仍然沿用传统的管理方式。在市场经济条件下，高校图书馆应引入竞争机制，在机构设置上科学划分各部门的权限，厘清行政与业务的关系，使行政为业务建设服务，调动各部门的积极性。

### （三）我国高校图书馆构建信息共享空间的策略

我国高校图书馆构建信息共享空间的策略包括以下几个方面。

1. 融入信息共享空间的理念

信息共享空间为独立学习、团队讨论和集体研究提供信息和场所，通过激发用户的灵感达到知识创造的目的。在图书馆的建设与管理过程中，融入信息共享空间的理念，为广大用户提供信息共享空间已成为图书馆发展的潮流。

2. 制定信息共享空间的规划

信息共享空间规划对建立图书馆信息共享空间具有重要的指导意义。由于我国高校图书馆信息共享空间起步比较晚，与国外相比，缺乏理论指导，因此在制定规划时，高效图书馆应在结合自身具备的一些软硬件的基础上，根据自己的馆情和用户利用图书馆的行为特点，借鉴国外信息共享空间的实践，以制定出满足本馆用户需求的战略规划。

3. 构建合理的信息共享空间服务体系

应综合考虑信息共享空间的四个构建要素，即对物理空间、资源、服务以及人员的设置要进行合理的分配。针对不同的用户设置规模大小不同的物理空间，同时针对用户的需求提供多元化服务，真正实现虚拟空间和物理空间的结合。

在新的学习环境和技术条件下，用户对高校图书馆的服务内容和服务能力有了更高的要求，高校图书馆只有不断地开拓新的服务模式，才能更好地适应时代的发展。作为面向用户的信息服务模式，信息共享空间是对高校图书馆服务模式的一种创新，也为高校图书馆的发展提供了良机。在实际工作中，不同的图书馆可以根据自身的硬件设备、数字资源、服务及管理机制、人员素质和知识结构等，灵活地进行集成，最大限度地满足用户需求，推动信息共享空间的发展。

## 第四节　高校图书馆"重点读者"服务模式

个性化服务是指在数字信息环境下，图书馆利用网络和信息技术获取并分析用户的信息使用习惯、偏好、背景和要求，从而为用户提供充分满足其个体信息需要的一种集成性信息服务，包括时空、形式和内容三个个性化服务方面。

"重点读者"是指图书馆根据学校总体发展要求，依据高校教学、科研和生产的三大基本功能界定读者的范围、对象、结构和梯队，亦即这三方面的学科带头人、拔尖人才和专家学者。个性化服务"重点读者"就是及时跟踪和分析其对文献需求的内容和范围、数量和质量，利用丰富的信息资源优势，通过多种途径收集信息，并对这些信息进行判断分析和加工整理，然后及时传递给重点读者，建立以重点读者为对象的集文献信息咨询、检索、供应等多种服务形式于一体的文献信息主动服务模式。在服务工作中，从确定读者的主体地位着手，变静态为动态、变单向被动服务为双向交流主动参与服务，这是服务模式的一种创新。

### 一、个性化服务"重点读者"的缘起

图书馆要提高服务水平和自身学术价值，除了要做好日常的一般读者的信息服务外，还必须突出重点，优先开展"重点读者"的个性化服务工作。临沂大学图书馆选择了"重点学科、重点专业、重点实验室、重点课题、重点课程"领域的教学、科研和生产作为重点读者进行服务。这样做的原因有三个：一是这些"重点读者"对文献信息资料的需求在"广度、深度和难度"上远远超出了一般读者，其专业性、专题性、目的性和针对性强，图书馆的一般外借阅览服务不能完全满足他们的需要；二是"重点读者"都是本单位的专业能手和业务骨干，他们在学术方面起带头作用，在教学和

科研中能迅速扩大学校的影响力和知名度，能带动学校的快速发展；三是有针对性地提供对口的信息检索、获取、分析、归纳等一条龙服务，可以节省"重点读者"查阅大量资料所花费的时间，提升教学、科研和生产效率，促使他们早出成果、多出成果、出好成果。

## 二、个性化服务"重点读者"的做法

### （一）确立条件，选定对象

根据图书馆的具体情况，我们拟定了重点读者的条件：①承担学校重点学科、重点专业、重点实验室和精品课程建设的人员；②取得省部级科研成果并继续承担省部级以上重要科研课题的人员；③具有博士学位或取得硕士以上导师资格的人员；④有突出贡献的中青年专家和拔尖人才。图书馆主动到教务处、科研处、人事处调查了解重点学科及精品课程授课人、重点课题主持人、硕士以上导师等的有关情况后，向他们发放重点读者服务表，在征得本人同意并填表后，他们就成为"重点读者"服务对象。图书馆为其建立档案数据库，每人发放一张电子服务卡，对"重点读者"学科、专业、课题名称、研究方向、文献资料的需求情况，姓名、职称、单位、住址、联系电话、E-mail等进行登记，以方便进行服务。图书馆还随时挑选新的符合条件的重点读者，及时将那些年轻有为的读者纳入，同时剔除落伍者，实行"重点读者"动态管理。

### （二）项目管理，定向服务

确立"重点读者"服务项目卡。首先，向建档的"重点读者"发放"绿色"借阅证，凡持有"绿色"借阅证者，图书馆所有服务部门都要为其开"绿灯"，允许他们自由出入馆内所有主、辅书库和阅览室等，可借阅所有纸质型和电子型文献，借书册数由原来每人10册增加到30册，借书期限由原来的3个月延长到6个月，并可根据需要继续顺延。其次，采编部门可依据自身工作规律对"重点读者"采取特殊的"时间差"服务，即编目人员根据自己的工作情况在分编与入库的"时间差"期间，向"重点读者"推荐和提供短期借阅新书。最后，与"重点读者"保持密切联系，随时掌握和了解他们在学科建设、课题立项和专业研究方面的进展情况，特别是阶段性的文献需求，可以根据实际需要，有选择、准确、及时地为他们提供定向服务，使有效信息不失时机地实现其"广、快、精、准、新"价值，促使"重点读者"顺利、保质保量地完成所承担的教学、科研和生产任务。

### （三）信息资源，共建共享

充分利用现有馆藏，不断充实、强化和完善与"重点读者"需求相关的文献资料的收藏。"重点读者"长期处于教学、科研、生产第一线，并经常参加一些学术性会议，对本专业本学科发展的前沿学术动态了如指掌。他们所需文献不但面广，而且内容专深、形式多样。因此，图书馆在文献采购上，一方面要将书刊预订书目及时送交"重点读者"，由他们推荐、圈定所需的文献资料，以提高采购质量；另一方面，让"重点读者"向图书馆提供所需文献目录，划拨给他们一定的采购资金，依据自身需要代购自用，使用完后作为馆藏入库。在文献经费上向"重点读者"倾斜，通过多种渠道保证文献采购能做到采齐、采全。"重点读者"所关注的学科前沿的论著和论文应做到优先采购，同时注意文献信息产品的多载体化，除纸质型文献外，引进光盘文献、全文期刊和学位论文数据库等，为"重点读者"提供有力的信息资源保障。上述形式真正实现了信息资源的共建共享。

## 三、个性化服务"重点读者"的途径

### （一）主动跟踪，参与服务

主动跟踪，积极参与是个性化服务"重点读者"的重要方式。以临沂大学为例，现有"重点学科"10 个、"重点实验室"8 个、"重点课题"15 项。国家级课题《沂蒙山区资源开发和利用》是该校科研服务沂蒙经济的一个突出特点和优势，该校图书馆长期以来致力本系列课题的服务，近几年先后有 8 位同志参与了该项目的定题跟踪服务，定期编印《研究参考》，累计提供专题资料 60 余份、参考文献索引 2 000 余条，应科研人员要求提供了数百份原始文献，还编写了相应的文摘，撰写了综述和研究报告。《沂蒙山区资源开发和利用》项目对沂蒙山区动植物资源、生态工程和旅游开发进行了深入研究，并取得了突出的成绩。这些科研项目大多属于应用开发项目，通过成果转化取得了显著的经济效益，为沂蒙山区的经济发展做出了巨大贡献。科研成果之一的《沂蒙山景观旅游开发》，经课题研究论证并应用开发，修复了几十处自然景观，建成了百余处园林建筑，这些景观在 2004 年被文化和旅游部批准为 AAA 级旅游区，门票收入上亿元，取得了显著的经济效益、社会效益和生态效益。科研成果之二的《沂蒙山区红色旅游》更显魅力无穷，中外游客络绎不绝。近年来，该校图书馆先后有 10 人参加了近 10 项国家社会科学基金、自然科学基金的项目研究专项服务，20 余人参加了近 20 项省、市社科、自科等课题研究的专项服务，均受到"重点读者"的一致好评，也取得了良好的服务效果。

### （二）馆际互借，中介服务

信息资源的网络化趋势促进了馆际互借的迅速发展。由于临沂大学图书馆不可能完全满足"重点读者"的文献信息需求，该校和北京大学、清华大学等十几所高校图书馆建立了以专业为核心的"馆际互借"业务，为"重点读者"提供代查、代检、异地复制等服务。当"重点读者"有需求时，该校利用 E-mail 向北京大学、清华大学等图书馆馆际互借服务中心发出请求，告知所需的书刊或其他文献的题名、作者、主题和关键词，通过邮寄或电子邮件获取资料后，再通过 E-mail 发送或上门传递给"重点读者"。从 2004 年 4 月至今，该校依靠"馆际互借"受理了近 200 项代查、代检、复制原文的服务。此项服务不仅有效地提高了信息服务的效率，还充分彰显了图书馆自身的价值和地位。

### （三）电子邮件，推送服务

用电子邮件等方式主动将所需的文献信息推送给"重点读者"。例如，及时推送新到馆的中、外文献信息，定期提供专业核心期刊目录，定期收集提供反映国内外学科最新动态的专题书目资料。临沂大学图书馆开展了"期刊目次和期刊全文传递服务"，让每个"重点读者"圈定最需要的 6 种专业期刊，新刊一到馆，就将目次发送至其电子邮箱内，若需要原文，可通过电话或 E-mail 提出请求，工作人员马上将期刊原文通过 E-mail 传递或复印纸质递送；充分利用已有的数字资源进行定向的信息推送服务，如利用中国期刊全文数据库（CJFD）、EBSCOhost 数据库、万方数据资源等，针对"重点读者"的文献信息需求，从这些数据库中获得有关的原文数据，通过 E-mail 推送或打印发送给"重点读者"。

### （四）信息检索，代理服务

对于"重点读者"来说，一方面，他们的时间比较宝贵；另一方面，他们虽然具有专业特长，但是在信息检索方面往往不如图书馆专业人员使用检索工具和文献数据库那样得心应手。特别是在当前的网络环境下，信息浩如烟海，"重点读者"想省时、省力地获得称心如意的资料，往往需要借助图书馆专业人员的帮助，请其代理检索有关信息。多年来，临沂大学图书馆充分利用资源优势、网络优势和检索技能，在世界四大重要检索系统（SCI、El、ISTP、ISR）上，围绕"重点读者"需求，开展专题服务、定题服务、回溯检索、课题查新以及专利查新等检索服务 1 000 余次，发送资料 600 余份。

### （五）请求呼叫，专线服务

为"重点读者"建立了"服务专线 110 电话"和"服务专用 E-mail 信箱"。由于临沂大学的校园虚拟电话和校园网络均为免费使用，这就为"重点读者"服务创造了便捷条件，实现了供需双方远程的直接交流服务。一方面，图书馆可以通过电话或 E-mail 直接向"重点读者"介绍与其学科建设、业务教学、课题研究相关的馆藏文献，特别是新到馆未分编的图书，可以优先供其借阅、与他们约定送书上门的时间等；另一方面，如"重点读者"有信息需求，可以随时通过拨打"服务专线 110 电话"或通过"服务专用 E-mail 信箱"传递给图书馆，图书馆将在最短的时间内，利用馆藏和网络资源为"重点读者"查找，查找结果通过 E-mail 推送或派人亲自送到其家中。据统计，图书馆先后通过电话和 E-mail 方式解答重点读者咨询 587 次，送书上门达 560 余次，这种服务方式深受"重点读者"的欢迎。

### （六）数据挖掘，定制服务

数据挖掘对"重点读者"显得尤为重要。数据挖掘也称知识发现，是从大量的内部数据库中获取人们感兴趣的知识，这些知识是隐含的、潜在的，目的是帮助信息用户寻找数据间潜在的关系，发现被忽略的要素，而这些信息对预测趋势和决策行为是十分有利的。数据挖掘不仅能对过去的数据进行查询和遍历，还能够对将来的趋势和行为进行预测，并自动探测以前未发现的模式，从而更好地支持"重点读者"的决策。知道用户的需求是开展个性化服务"重点读者"的基本条件，而提供给用户高质量（内容上相关、知识含量高）的信息则是个性化信息服务的目的。数据挖掘对个性化信息服务的支持正体现在对用户需求信息和网络源信息的深层分析上。

## 四、个性化服务"重点读者"的成效

临沂大学自开展个性化服务"重点读者"工作以来，已发展"重点读者"126 人，这些"重点读者"在服务地方经济建设方面效果显著。"重点读者"荣获国家级奖 6 项、省部级奖 19 项、市厅级奖 103 项，获直接或间接经济效益近 10 亿元人民币，对建设"大临沂新临沂"做出了突出贡献。有许多"重点读者"将自己的研究成果（如获奖项目资料、著作、论文等）赠送给图书馆和阅览室。这些被服务的"重点读者"都以切身体会和亲身感受肯定了我们开展此项工作的成效，畅谈了自己所取得的成绩，并对今后此项工作的开展提出了宝贵的建议。图书馆与"重点读者"的关系更加密切，实现了和谐善待、共建共享，保证了个性化服务"重点读者"工作的健康发展。

高校图书馆在现有条件下，坚持优先重点、兼顾一般、区列对待、协调发展的指导方针是做好个性化服务"重点读者"工作的一种行之有效的方式，是一种服务模式的创新。

# 第五节　高校图书馆嵌入式服务模式

所谓"嵌入式服务"，就是把图书馆的信息环境与用户群体的信息环境进行有效的交流融合，把"用户需求"放在图书馆信息服务的首要地位，在特定的工作任务或目标中充分利用图书馆在信息获取、二次或多次加工、有效管理以及数据分析等方面的优势，把信息服务区域扩展到用户的学习、教学和科研等过程中去的信息服务。在嵌入式服务下的用户已经与图书馆形成了无缝联系、动态交流及交互融合，他们不需要到实体图书馆查询资料，也不需要上网搜索信息，可以在任何地方、任何时间轻松、快捷、方便地获取自己所需要的信息，这是图书馆传统服务模式改变的一个重要体现。把图书馆原来的单向服务转变为双向服务，把被动等待转变为主动服务的"以用户需求为中心"的服务模式树立了图书馆的服务品牌形象，提升了图书馆服务的水平和质量。目前，国外图书馆的嵌入式服务已经相对成熟，而中国图书馆的嵌入式服务才刚刚起步，处于"嵌入式服务本土化"的探索研究阶段。随着网络技术、信息技术的快速发展，高校图书馆也开始向"以用户需求为中心"的嵌入式服务模式转变，如何面向用户需求构建高效有序的高校图书馆嵌入式服务模式是很多高校图书馆正在面临的一个重大挑战，也是促进图书馆服务再上新台阶的一个不可多得的良好机遇。

## 一、高校开展图书馆嵌入式服务的必要性

### （一）高校学科建设的需要

国家教育部于 2006 年发布的《国家重点学科建设与管理暂行办法》中要求国家重点学科必须具备的基本条件之一："教学、科研条件居国内同类学科先进水平，具有较强支撑相关学科的能力，有良好的图书文献和现代化信息保障体系。"由此可见，高校图书馆丰富的馆藏资源及开展嵌入式学科服务对高校学科建设的重要性和不可或缺性。

### （二）数字信息化时代的需要

现今，人们对网络的依赖程度越来越高，随着有线网络及无线网络的普及，任何人在任何时间、地点都可以随时获取和利用所需要的信息，因此人们逐渐形成了泛在的学习方式及生活方式。在网络环境下，数字化信息正在成为主流信息资源，用户获取的信息资源日益丰富且获取方式更加便捷，对图书馆则日益疏远。图书馆被边缘化

的趋势凸显，图书馆正面临着用户群减少的危机，并且图书馆作为文献信息中心的作用也日渐削弱。因此，图书馆应通过开展嵌入式学科服务，主动与用户沟通并寻求合作，提高图书馆的服务意识和服务水平，留住原有用户群并开拓新的用户群。

### （三）转变服务理念的需要

嵌入式学科服务既是图书馆为适应数字化信息时代的发展，也是根据"以人为本"的服务理念推出的以用户需求为中心的新型服务模式。深化学科馆员服务，建立真正符合用户需求的学科化服务机制是高校图书馆努力的方向。目前，高校图书馆都不同程度地存在服务理念陈旧、场馆面积较小、设备设施老化、专业人才缺乏及学校划拨资金不足等现象，已无法满足读者专业化、集成化的信息需求。高校图书馆应改变传统的服务模式，为用户提供个性化、学科化、知识化服务，满足用户的个性化信息需求。

### （四）创新服务方式的需要

计算机技术和网络技术的迅猛发展使信息环境发生了根本性的变化，谷歌、百度等网络搜索引擎和检索工具的发展日益成熟，搜索引擎已经成为用户获取信息的首选，读者逐渐改变了到图书馆学习和查找资料的习惯。为了提高图书馆的核心竞争力，只有采取嵌入式学科服务这一创新服务方式，才能在日益激烈的竞争环境下谋求自身的进一步发展。

## 二、高校图书馆嵌入式服务的主要方式

目前，高校图书馆主要开展以下四种嵌入式服务方式：手机短信服务、社区网站服务、e划通服务以及其他桌面工具服务。

### （一）手机短信服务

手机短信服务就是一种以智能手机为载体的新型信息服务方式。在图书馆 WAP 网站注册的用户，在安装相关软件之后，就可以根据自己的信息需求定制频道，对更新的信息资料进行有选择的阅读或者注销定制服务等。目前，清华大学图书馆、合肥工业大学图书馆等很多高校图书馆已通过建立手机图书馆开展手机短信服务。

### （二）社区网站服务

社区网站服务就是高校图书馆通过 E-mail、QQ 等各种在线交流工具，将信息服务工作拓展到用户的 BBS、Blog、Wiki 等虚拟社区，利用信息共享软件、多媒体资源、知识导航、在线培训课程、知识库等构建丰富的知识体系，营造良好的学习情景，为社区用户自主学习和协作研究提供信息资源。目前，国内已有较多图书馆使用这一服

务模式，其中以台湾大学图书馆与 Facebook 和 Plurk 合作开展的服务效果最好。

### （三）e 划通服务

e 划通是一种"个人桌面信息工具"，用户在使用计算机工作的过程中，一旦需要查阅相关信息，不需跳转出当前的工作界面，只需通过直接划选相关词句就能自动检索图书馆相关数据，或通过网络搜索引擎自动获取相关信息。目前，中国科学技术大学图书馆已经应用了 e 划通服务。

### （四）其他桌面工具服务

桌面工具就是把图书馆应用加到用户使用的软件系统里的工具，如把图书馆的搜索引擎安装在用户自己的个人主页或用户个人博客上，或者链接到一些大型网站上，同时可以安装用于浏览器的不同的专业插件与应用，如校书签、工具条等。清华大学图书馆工具条实践较早，经验丰富。

## 三、高校图书馆嵌入式服务的挑战与机遇

在信息时代，对高校图书馆最大的冲击是高校用户的信息环境发生了变化，信息资源泛化，用户足不出户就能够获取信息；或者是用户无论身处何方，只要有电子设备就可以快速获取信息。目前出现了"设备在手，信息全有"的局面，越来越多人依赖高科技的手段获取信息，去实体图书馆的人越来越少，这对高校图书馆而言无疑是一个前所未有的挑战。同时，高校图书馆目前处于数字化服务发展缓慢的阶段，设备更新比较慢、软件升级不及时、先进信息技术平台尚未搭建完成，大部分高校图书馆在为高校用户提供信息服务方面还未能实现高效快捷，造成巨大的自身发展压力。

用户信息环境的变化导致其信息需求也有所变化，用户把对信息需求的关注点放在了快捷、方便地获取有价值的信息这一方面，他们急于屏蔽掉无用的信息，这就给高校图书馆在信息时代的发展带来了一个崭新的机遇。高校图书馆只有积极采取措施迎接挑战，才能真正实现服务水平的信息化、现代化。高校图书馆要秉承"用户在哪，我们的服务就在哪"的观点，突破时间、空间障碍，实现与用户的无缝沟通交流，多手段、多途径满足用户的信息需求，使高校图书馆从"中介角色"转变成用户的"合作伙伴"，打造双赢局面。

## 四、面向用户需求的高校图书馆嵌入式服务模式的构建

依据高校用户信息需求的特点，笔者将高校用户划分为三种不同的类型，并对用户需求进行了详细分析。

依据以上分类构建高校图书馆嵌入式服务模式，并将手机短信服务、社区网站服务、e 划通服务以及其他桌面工具服务有效结合在高校图书馆嵌入式服务模式中。

**（一）面向"学习型用户需求"的高校图书馆嵌入式服务策略**

面向学习型用户需求，高校图书馆可以采取"嵌入式信息素养教育服务"和"嵌入式个人自主学习服务"这两种服务策略。

1. 嵌入式信息素养教育服务

根据不同年级开展不同内容的普及型图书馆资源有效利用的相关讲座，让学习型用户了解图书馆拥有的信息资源内容，查询、借阅图书等信息资源需要经过哪些流程、办理哪些手续等，重点掌握中文电子资源的使用等内容。图书馆员还应与授课教师一起，将信息素养教育嵌入日常教学中，并围绕学习型用户的课程内容来设立不同的信息素养专题讲座。还可以根据学习型用户的需求来开展针对某一方面的信息素养讲座，以提高学习型用户的资源检索水平，帮助学习型用户掌握更多行之有效的检索方法，促使学习型用户的信息查询、资源获取以及知识利用的能力得到有效提升。

2. 嵌入式个人自主学习服务

高校图书馆可以通过 Web 2.0 构造学习互动社区，在学习型用户的学习环境中嵌入服务，为学习型用户的自主学习提供针对性强、专业性高的知识信息服务；通过网络教学平台 Moodle、SaKai 等，拓展学习型用户学习内容的深度和广度；通过 LibGuides 等学科服务平台整合各学科的信息资源，通过 Summon、Primo、EDS 等实现所有资源的一站式检索。通过以上方式来满足学习型用户在不同时期、不同阶段不断变化的学习需求。

**（二）面向"教学型用户需求"的高校图书馆嵌入式服务策略**

面向教学型用户需求，高校图书馆可以采取"嵌入式课程教学过程服务"和"嵌入式课程教学互动服务"这两种服务策略。

1. 嵌入式课程教学过程服务

高校图书馆为建设好网络教学平台，将课程所需的各种资源放置其中供大家使用，并协助教学型用户直接在网络教学平台上使用已付费的电子图书和期刊论文，以及网络上免费的电子图书和期刊论文；利用数据库 RSS 来提供定制服务，事先把与课程内容有关的检索式输入，将其 RSS Feed 加到网络教学平台中，便于教学型用户及时获取动态信息，为教学过程做好嵌入式服务。

2. 嵌入式课程教学互动服务

在教学过程中，教学型用户在高校图书馆的协助下，把课程相关信息放置到一些大型、浏览量大的社区网站中，学习型用户在使用社区网站时就可以获取课程相关信息，同时通过 E-mail、QQ 等各种在线交流工具，与教学型用户，或者高校图书馆进行有效沟通，实现课程教学的有效互动。教学型用户可以根据学习型用户的反馈来调整自身的教学计划或内容，高校图书馆可以根据双方用户的反馈来调整与课程相关地电子信息资源，最大限度地满足课程教学需要。

### （三）面向"科研型用户需求"的高校图书馆嵌入式服务策略

当面向科研型用户需求时，高校图书馆可以采取"嵌入式学术交流服务"和"嵌入式科技研究服务"这两种服务策略。

#### 1. 嵌入式学术交流服务

高校图书馆在学术交流中处于重要地位，他们通过提供信息服务来促进学术交流，如对科研型用户进行学术交流方面的教育宣传，内容包括作者权利管理、版权、机构库建设等问题。同时，高校图书馆积极提倡开放存取的新型学术交流模式的建立，如与学校其他部门联合建立本地机构库，可以对软件系统进行有效评估、对相关政策进行合理制定与准确解析、对机构库进行大力宣传、对数据质量进行严格把关、对作者行为进行正确引导等。

#### 2. 嵌入式科技研究服务

在科技研究过程中，高校图书馆要全面搜集科研型用户所需要的与研究相关的资料，如研究文献、调查数据等；要即时跟踪研究领域中出现的新成果、新进展和新思路，并及时反馈给科研型用户，为用户提供最新的、具备研究价值的研究机构、研究项目、研究作者以及研究论文等相关研究资料，为用户提供"选题—立项—研究—结题—成果评价—成果转化"全程式的知识研究服务。

### （四）高校图书馆嵌入式服务主要方式的有效应用

手机短信、社区网站、e 划通以及其他桌面工具这四种服务方式在面向用户需求的高校图书馆嵌入式服务模式的构建过程中起到了推动作用。例如，把各院系、各专业网站和图书馆网站进行网络链接，把信息素养教育视频、课件或其他课程信息资源上传到网站上，让用户可以随时自主观看、自由下载学习；高校图书馆将图书借阅、讲座培训、在线课程学习等项目，通过手机短信向目标用户进行及时推送；高校图书馆还可以在对纸质资源和网络资源进行整合、建立专题数据库的基础上，运用手机短信、社区网站、e 划通来为科研型用户开展嵌入式信息服务，为科研型用户提供专、深、多的科研信息。

### 五、有效推进高校图书馆嵌入式服务模式的保障措施

**（一）转变落后观念，形成正确认识，是有效推进高校图书馆嵌入式服务模式的思想保障**

首先，要有效转变高校图书馆落后的服务观念。图书馆相关人员要重新认识图书馆的角色和功能，对机构组织进行重新组合、对服务形式进行有效转换、对实体空间进行重新改造、对虚拟空间进行合理构建，真正建立一种面向用户需求的嵌入式服务模式。只有完善的理念体系，才能使嵌入式学科馆员有明确的奋斗目标与方向，才能使高校用户的各种信息需求得到满足。其次，要转变高校用户的观念，改变图书馆是信息、文献存储机构的片面认识，重新对图书馆的角色和观念进行准确定位，认识到图书馆是高校科研团队智囊和学生信息检索的重要基地。最后，要加强对自身的宣传力度，增强其在高校师生中的影响力，塑造品牌形象。

**（二）完善信息设施，创造服务环境，是有效推进高校图书馆嵌入式服务模式的物质保障**

嵌入式服务工作的开展是建立在一定物质基础之上的，没有物质基础，就无法建设，更谈不上发展。要想做好嵌入式服务工作，一是必须要及时升级软件、更新信息设备、淘汰落后产品，以保证用户使用的信息查询设备性能良好，增加用户的使用满意度；二是要重视用户的信息需求，及时补充馆藏资料、调整馆藏资料结构，保证用户能够快捷方便地查询信息；三是要创造良好的服务环境，除了配备性能良好的信息查询设备外，高校图书馆还应配置饮水机、打印机等相关设备，改善用户信息查询的环境，把嵌入式服务落到实处。

**（三）引进专业人才，建设高效队伍，是有效推进高校图书馆嵌入式服务模式的人才保障**

要想真正做好嵌入式服务工作，就要做到专业人才专门管理，这就需要高校图书馆大力引进具备较高信息素养的图书馆专业人才，同时培养已在岗馆员的专业技能，促使他们尽快适应信息时代的图书馆嵌入式服务工作。除"引培"两条路线外，高校图书馆还可以打破部门界限，与学校其他部门的相关人员组建嵌入式服务工作机构，下设学习、教学和科研三个工作小组，有针对性地为高校用户开展服务。例如，教务处在学习工作小组里可以起到教学指导、课程建设等作用，科技处可以在科研工作小组里起到科研指导、学术讨论等作用。这样，由不同部门组建起来的嵌入式服务工作机构的工作效率更高，效果更好，更能满足高校用户的信息需求。

（四）健全相关制度，狠抓工作落实，是有效推进高校图书馆嵌入式服务模式的制度保障

嵌入式服务是高校图书馆员与高校用户之间的一种协作方式，这种协作方式要想实现深度合作，就要将其制度化。先从制度上确定嵌入式服务的重要性以及措施的规范性，将馆员与用户之间的协同合作作为一种常态制度加以落实，在全校范围内实现自上而下的高度重视，同时可以获取各个部门的支持和配合，进而得到用户群体的信任。相关制度制定后，关键是要落实制度，千万不要只把制度"挂在墙上"，而要把制度落实到实际工作中去，并在落实过程中不断修订完善。

嵌入式服务是高校图书馆发展的未来走向，是高校教学与科研的必然要求，这就意味着我们要想紧跟时代潮流，不落后于人，就一定要克服困难，开动脑筋，创造条件，通过多种手段、多种途径把嵌入式服务真正融入高校用户教学科研环境中，真正把高校图书馆的作用发挥出来，真正展现出高校图书馆信息服务的广阔前景。

# 第四章 智慧时代高校图书馆的服务类型

## 第一节 高校图书馆的文献信息服务

### 一、文献流通服务

#### （一）文献流通服务的形式

文献流通服务是图书馆与读者联系最密切的工作环节，读者对图书馆的利用主要是通过文献借阅活动进行的。流通服务的形式有外借、阅览、复制、视听和文献传递等。

1. 外借服务

外借服务是指图书馆允许读者通过一定的手续，在规定的时间内将馆内文献借出馆外的一种服务方式。外借服务是满足用户将部分藏书借出馆外、自由利用的图书馆服务方式。外借服务为需要文献而又不便入馆研读的人们提供了方便。外借的方式主要有个人外借、集体外借和馆际互借。个人外借是面向读者个人的，外借手续较简便，这类读者数量最多，是图书馆员主要的服务对象；集体外借主要是面向机关团体和学校的，其特点是面向特定的读者群，外借的文献可以一人办理、多人使用；馆际互借是图书馆之间根据协议，相互利用对方馆藏以满足读者需求的外借方式。

2. 阅览服务

阅览服务是图书馆利用一定的空间设施，组织读者开展文献阅读活动的服务方式。图书馆一般按读者对象、藏书类型、学科门类等来设置不同的阅览室，其中按读者对象，可设置普通阅览室、少儿阅览室、科技阅览室、教师阅览室、学生阅览室、盲人阅览室等；按文献类型，可设置期刊阅览室、报纸阅览室、古籍阅览室、缩微阅览室等；按学科门类，可设置社科阅览室、文学阅览室、综合阅览室等。通过文献复制工作，为用户获得文献资料提供重要的辅助手段。阅览室有适合读者学习、研究的环境和设备，并设有辅助书库，陈列各种书目、索引和其他工具书，还有一部分仅供馆内阅览而不外借的文献资料。阅览室可提供开架、半开架或闭架服务。其中，开架阅览具有多方面的优越性：允许用户直接进书库浏览，方便其选择所需的文献；有利于开阔用户视野，提高阅读兴趣，吸引更多的用户利用图书室的藏书；节省用户选书的时间；扩大图书流通范围，降低文献拒借率；能使工作人员从繁忙的进库取书劳动中解脱出来。另外，通过建立分馆、文献流通站、巡回书车等，方便不能来馆的用户使用图书馆的馆藏。

3. 视听服务

视听服务一般在视听阅览室和电子阅览室中进行。利用唱片机、放像机、放映机等光电设备等，可以高效率、高质量地传递知识信息，尤其是在链接了国际互联网的电子阅览室里，用户一机在手便可享受无边无界的知识信息服务。现在，有的图书馆还开展了移动阅读器的借阅工作。

流通服务作为图书馆面对读者最主要的服务方式，其服务质量的好坏不仅关系到馆藏文献资源的开发和利用，还直接影响到图书馆在读者心中的形象。

**（二）文献流通服务的特点**

1. 不受图书馆时间和空间的限制，方便读者使用

由于图书馆接待读者的时间和空间是有限的，难以满足大量的读者经常在图书馆内阅读文献的需要。通过外借服务这一方式，读者可以在规定的期限内，自由地安排阅读时间和地点，不受图书馆开放时间和阅览室空间的限制，从而充分利用所借的书刊文献。

2. 降低图书馆工作人员地工作强度，减缓阅览室空间紧张的矛盾

长期以来，由于我国图书馆读者服务手段落后、图书馆工作人员劳动强度大，以及阅览室空间紧张，图书馆读者服务工作的发展受到限制。要降低图书馆工作人员服务的劳动强度、缓和有限的空间设施和读者日益强烈的文献需求之间的矛盾，就要在外借服务方法上进行改革和创新。

3. 诱导读者潜在需求，促进读者阅读行为的产生

外借服务方法提供给读者的是以整本书刊为单位的原始文献，比较直观。尤其是在开架借阅过程中，读者与文献直接接触，可以刺激读者阅读欲望的产生，使潜在的需求转化为现实需求，从而产生阅读行为。对那些不能前来或不能常来图书馆的潜在读者，通过巡回外借服务、送书上门、馆外流通、邮寄借书等形式，使他们能方便地

借到和利用自己所需要的文献，以充分满足他们的需求。

4. 不能满足读者的全部借阅需求

由于外借服务方法不但有外借范围、品种和期限等方面的限制，而且对读者的借阅权限有限制，并非所有的读者都能享有外借图书的权利，因此它只能满足部分读者的借阅需求。

5. 文献破损率高

由于文献经常处于流通状态，文献的外观形态受到损害，从而影响了文献的使用寿命。

### （三）文献流通服务创新

1. 大流通模式

大流通模式是图书馆流通领域一种新的开放式管理服务模式，是体现科技进步的管理模式。大流通服务模式是以整个图书馆作为一个空间进行服务布局，将各种载体资源和服务区域合并，实现书刊借阅合一。整个图书馆仅设一个入口，读者统一在一处借\还书。读者在入口处刷卡入馆后，不用存包即可自由进出各阅览室。大流通服务实现了图书馆"藏、借、阅、咨"一体化。大流通服务是一种新型服务模式，是现代图书馆发展的基本要求和发展方向。它不仅提高了读者的满意度，还提高了馆藏文献的利用率

（1）空间格局通透化

大流通环境要求空间格局通透化。通透、明亮、开放、大气的大开间空间环境是有效地将信息检索、阅览、参考咨询、文献典藏、借还服务乃至读者休闲集于一体的有力保障，柱网、层高、楼面荷载"三统一"，使用灵活，可变性大，保证大空间可弹性灵活使用，使阅览室功能书库化，书库功能阅览化。这样的建筑格局是构建新型服务管理模式的基础保障。

（2）提高文献资源利用率

多种信息资源一体化，使信息载体书刊资料与读者零距离接触，大大地提高了文献资源的利用率。读者权益平等化，取消了不同读者使用图书馆"待遇不同"的界限，使馆藏资源得以充分利用。

（3）充分体现以人为本的现代图书馆服务理念

大流通服务管理模式给予读者更多的便利。以人为本在图书馆服务中最好的诠释就是"以读者为根本"，奉行"读者至上，服务第一"的服务理念，即图书馆的一切要以最大限度地满足读者的需求为出发点，充分实现图书馆的价值。

图书馆的整个馆藏资源在阅览流通中处于一个全开放的环境，允许读者携带书包及已经借阅的图书馆书籍等进入图书馆各个区域进行阅览学习，读者可以直接看到架位上的文献，自由地挑取自己所需。这种人性化的管理模式和多功能服务给读者带来无限享受，使读者心理压力得到释放，工作与学习的压力都有所缓减。

2. 通借通还

通借通还是城市图书馆服务的一个重要内容。所谓通借通还，就是将为公众提供服务的图书馆组合为一个服务平台，在其中任何一家图书馆读者都可以：①查找所有图书馆的馆藏信息和借阅信息；②外借所有图书馆的藏书，包括可以预约在哪一家馆取书；③在任何一家图书馆还书；④上述服务均可通过现场、网络、电话的方式实现。另外，通借通还服务的延伸还包括借还书的上门服务。

通借通还是城市图书馆联盟、总分馆、区域集群图书馆文献借阅发展模式。从传统的角度来看，通借通还是指读者凭借图书馆的有效借阅证件，通过现场或网络等服务途径，实现对已纳入通借通还体系的图书馆总馆、分馆或任一成员馆实现图书的任意查询与借还。从通借通还的管理模式来看，通借通还主要有三种管理模式：总—分馆管理模式、分散—整合管理模式和分散—共建管理模式。

（1）总—分馆管理模式

总—分馆管理模式是指由总馆负责统一组织管理，通过统一经费来源、统一业务协调、统一技术支撑系统，并采用统一服务标准、统一收费标准，从而保证读者可持"一卡通"借阅卡在全体分馆或成员馆中享受同等服务待遇，国内外多数图书馆都在采用此种管理模式。例如，2001年由上海市政府出台"上海市中心图书馆计划"，建立了以上海图书馆为总馆，市内各区县公共图书馆、大学图书馆和科研图书馆为分馆的地区文献资源共建共享体系，目前已建35所分馆，其中公共图书馆20所，大学和科研图书馆15所，覆盖全市19个区县，并向基层街道和乡镇延伸。

（2）分散—整合管理模式

分散—整合管理模式是指同一地区内的图书馆保持现有的管理体制与原有行政业务运作模式，但通过地区性的协调机制来实现通借通还，如北京地区的图书馆联盟等。

（3）分散—共建管理模式

分散—共建管理模式，是指全市图书馆保持现有的条块分割、分散管理的管理体制，通过协调方式，共建一个专门的馆藏和实施项目的管理机构。图书馆通借通还项目的成员馆合作共同建立一个专门的通借通还馆藏，专用于通借通还服务。每个馆拿出一笔经费，专用于建立一个共同的通借通还馆藏，该通借通还馆藏属于所有成员馆，图书流动到哪个成员馆就留在那个成员馆，不必回到原来借出的地方。全市成立一个通借通还管理机构（委员会或领导小组负责对通借通还工作的领导和各馆之间的协调）。在成员馆中设置一个牵头馆，负责对通借通还项目的业务管理、通借通还专项经费的使用和通借通还馆藏的统一采购加工等。例如，上海地区图书馆实行的就是分散—共建管理模式。

## 二、参考咨询服务

参考咨询服务是图书情报部门的专业技术人员为情报用户在利用文献、寻求知识和情报方面提供帮助的活动。它以协助检索、解答咨询和专题文献报道等方式为情报用户提供事实、数据和文献线索。参考咨询工作的实质是以文献为根据，通过个别解答的方式，有针对性地为读者提供具体的文献、文献知识和文献途径的服务工作。它具有服务性、针对性、多样性、实用性、智力性、社会性的特点。

### （一）参考咨询的特点

参考咨询的服务内容不断深化与发展，其服务形式也出现网络化、现代化、多样化的趋势，使参考咨询成了读者服务中最为活跃的内容，表现出了以下特点。

1. 服务性

参考咨询服务是图书馆读者服务工作的重心，要求面向用户、主动奉献、读者第一、服务至上。从本质上说，参考咨询属于读者服务工作的范畴，服务性是参考咨询最基本的特征。参考咨询是在图书馆传统的工作流程采访、分类、编目、典藏、流通、阅览的基础上开展的一项重要内容。在参考咨询过程中，馆员通过个别解答读者提问，来满足读者的个性化需求，服务内容与其他部门的读者服务工作有着千丝万缕的联系，是读者服务的延伸和发展。

2. 针对性

参考咨询的选题必须针对用户的具体要求，有的放矢地开展个性化服务。从参考咨询服务的目的来看，它具有很强的针对性。参考咨询主要针对读者的学习、工作与生活中所遇到的问题，提供文献信息服务，以满足读者越来越个性化的服务需求。

读者需求是开展咨询服务的前提，没有读者需求，也就没有图书馆的咨询服务，所以调查了解读者的信息需求是开展参考咨询服务的基础。各类型、各层次的图书馆的服务对象是不同的，参考咨询应根据图书馆的方针和任务开展读者需求调查研究，以分清工作的轻重缓急，明确服务重点。比如，公共图书馆担负着为所在地区的党政机关和有关的企事业单位服务的任务，参考咨询的重点是政府决策和经济建设；高校图书馆是为学校教学与科研服务的，其服务对象主要是教师和学生，参考咨询的重点是教育与科学技术；科研单位图书馆主要为本系统科研工作及领导决策服务，参考咨询的服务内容专业性很强。

3. 实用性

参考咨询服务的出发点和归宿都是为了满足读者需求、解决实际问题，从而达到强化情报职能和教育职能的目的。

从参考咨询工作的效果来看，其具有一定的实用性。首先，读者在实际生活、工作和学习中必然会遇到各种各样的问题，参考咨询可以帮助读者获取资料和利用图书馆资源，节约读者查找资料的大量时间。其次，参考咨询服务有利于深入开发文献资源，提高文献资源的利用率，为科技人员、领导决策和企业发展提供丰富的文献资源和动态信息。例如，随着图书馆情报职能的增强和现代化技术的应用，高校图书馆从优化资源配置、提高服务质量、方便读者等方面入手，在保证为高校的教研工作提供服务的基础之上，扬长避短，充分参与社会情报服务，为社会提供实用、易得的经济信息服务。参考咨询突出体现了图书馆的情报职能与教育职能，它表现出来的工作水平与开发能力反映了图书馆服务的优劣，参考咨询工作的社会价值体现在工作效率、社会效率和为经济建设服务的效益等方面。

4. 智力性

参考咨询的核心业务是开发文献信息资源，这是一种智能化的科学劳动，需要较丰富的知识、经验和技术。

从参考咨询需要的技术来说，它属于一种知识密集型的智力劳动。图书馆参考咨询服务不像外借流通服务那样直接为读者提供原始文献，在解答读者咨询问题时，除少数的咨询问题仅凭借图书馆工作人员的知识和经验就能立即回答外，大部分问题都要将对文献的检索、加工、整理、分析、研究等活动结合起来，其工作的实质就是以文献查找、选择与利用为依据，为读者提供具体的文献、文献知识和文献检索途径，它是一种复杂的、学术性较强的、对服务人员素质要求较高的服务方式。

5. 社会性

参考咨询是一种开放性的社会服务，本质上是一种知识信息的传递、交流与反馈的过程，无论咨询队伍还是服务对象都具有鲜明的社会性特点。

图书馆是信息产业的有机组成部分，主要具有保存人类文化遗产、开展社会教育、传递科学信息和开发智力资源四种社会职能。参考咨询服务是一种开放性的社会服务系统。首先，咨询服务对象具有鲜明的社会性。参考咨询服务就是图书馆运用各种方法帮助读者解答在科研和生产中需要查阅文献资料而出现的疑难问题，为读者提供所需的文献和情报。随着社会信息化程度的不断提高及图书馆服务观念的转变，参考咨询服务的社会化程度日益加深，服务对象与范围进一步扩大。尤其是开展了合作咨询和网上咨询服务以后，其服务对象已不再局限于馆内读者，本社区乃至跨地区、跨国界的有关用户都可能成为服务对象。其次，咨询队伍具有鲜明的社会性。由于科学技术的发展，科学知识与信息资源急剧增长，仅靠一个图书馆的力量已无法单独完成各种资源库的建设及各种咨询问题的解答，更谈不上各种咨询软件的研制与开发。知识与资源的共建共享势在必行，咨询队伍建设的协作化与社会化进一步发展，出现了跨地区、跨国界的合作咨询。再次，咨询服务内容具有社会性。随着图书馆日益融入社会信息化的浪潮之中，参考咨询服务的内容也由过去以学科咨询、专业咨询为主转向为广大用户提供涵盖学习、生活、工作等方面的各类社会化信息，以最大限度地满足用户日益增长的信息需求。

6. 多样性

参考咨询是一种综合性的文献信息词组服务，从参考咨询服务的内容、形式、方法来看，参考咨询都呈现出多样性的特点。

首先，读者咨询问题多种多样，来源广泛。有来自社会各个部门的咨询问题，也有涉及学科领域的专门问题；有综合性的咨询，也有专题性的咨询；有文献信息咨询，也有非文献信息咨询。当然，并非读者提出的一切问题，图书馆都应给予解答，只有属于图书馆服务范围的问题，才是参考咨询的服务内容。其次，参考咨询形式多样化。从读者提问的形式看，有到馆咨询、电话咨询、信件咨询、网络咨询等多种形式；从馆员对具体问题所采取的形式看，有文献检索方法辅导、提供文献线索、提供原文、定期提供最新资料、提供专题研究报告等。

（二）参考咨询服务的内容

参考咨询服务工作的内容十分丰富，有自己的体系。目前大中型图书馆参考咨询服务的内容主要有解答咨询服务、书目参考服务、文献检索服务、用户教育服务和专题情报研究服务等。

1. 解答咨询服务

解答咨询服务即对读者提出的一般知识性问题，如有关事实、数据等的问题，通过查阅有关的检索工具，直接回答读者，或指引读者利用某一检索工具，直接查阅有关资料，以求得问题的解决。解答咨询服务作为参考咨询服务的最初形式，是参考咨询服务最常见的服务内容。其解答咨询的方式主要有口头回答、电话回答、E-mail

回答、表单回答等。对于一些常见问题，很多图书馆通过设置咨询台或开展 FAQ 服务来解决，这是一种非常有效的做法。

2. 书目参考服务

书目参考是对读者提出的一些研究性问题，如专题性、专门性研究课题等，通过提供各种形式的专题文摘目录索引，供读者查阅所需文献资料，以解决有关课题的咨询。由于它不直接提供具体答案，只提供资料线索以供解决有关问题时参考，所以被称为"书目参考"或"专题咨询"。对于一些未经提问或常设的课题，不少图书馆通过编制专题目录、索引与文摘，主动提供文献信息，开展书目情报服务，成为传统参考咨询服务的一项重要内容。网络参考咨询服务中的"学科导航""本馆资源导航"以及书目数据库建设则是网络环境下的"书目参考"服务。

书目参考工作的立足点是文献信息加工。选题应以客观需要为依据，在选择材料时，要求对某一特定范围内必需的文献做到尽可能全面、系统、收录完备。

3. 信息检索服务

信息检索是指将信息按一定方式组织和存储起来，并按需检索出有关信息的过程。信息检索按手段可分为手工检索和计算机检索，按检索对象可分为文献检索、数据检索和网上信息检索等，按服务项目可分为一般课题检索、定题服务检索、查新服务检索等，按课题性质可分为事实型检索、专题型检索、导向型检索、综合型检索等。传统的信息检索以文献检索为主要内容，现代的信息检索以数据库检索和网上信息检索为重要组成部分。"网络导航""学科导航""本馆资源导航""学科信息门户"和"特色库"的建设与利用是新时期信息检索的重要工作内容和信息检索资源。

4. 情报研究服务

情报研究服务是图书馆对文献信息进行分析与综合的一种服务，主要是通过对某一时期或某一领域的文献信息进行分析与归纳，并以研究报告的形式提供给用户。其功能在于通过对大量文献进行分析研究和综合，为读者提供浓缩的、系统化的情报资料，为预测研究和决策研究提供参考。情报研究服务主要有定题服务、专题剪报服务、专题数据库建设等多种形式。

5. 用户教育服务

图书馆作为重要的文化科学教育机构，是社会公众进行终身学习和教育的重要课堂。这种教育是通过社会公众阅读的方式，来传递科学文化知识的社会活动，是社会公众自由地利用图书馆学习知识和更新知识的活动，是任何学校教育都无法比拟的。随着时代的发展，图书馆开始大量应用计算机技术、网络技术，使读者利用图书馆的难度加大。网络信息的利用对读者素质提出了更高的要求，没有较高的文化水平、不熟悉网络图书馆的内部结构、不具备一些基本的计算机和文献信息检索方法的读者是无法从网上获取信息的。因此，在传统图书馆向数字图书馆转化的过程中，大力开展用户教育，培养用户的综合信息能力尤为重要。

### （三）现代参考咨询服务模式

现代参考咨询服务是以用户的信息需求为中心，达到快速传递与交流信息之目的的。因此，开展数字参考咨询服务以什么样的服务模式及设立什么样的服务内容是关键和核心，这与图书馆经济、资源、技术和人员有关。就目前我国图书馆开展数字参考咨询的服务模式来看，可分为异步数字咨询服务、同步数字咨询服务、网络合作式参考咨询服务、数字参考咨询服务的新模式——微博与微信，就服务内容来看，除了这几种服务模式外，还应设置知识库的浏览与检索、信息导航、用户反馈平台等。

1. 异步数字咨询服务

异步数字咨询服务是指用户提问与专家即时回答，是目前最简单、最流行的一种服务方式，主要采取电子邮件、表单、FAQ 等几种方式及其结合形式来实现。

2. 同步数字咨询服务

同步数字咨询服务是利用基本的软件实现用户与图书馆馆员之间进行文本或视频音频信息的迅捷交流，亦称实时交互式参考咨询服务。这是显示数字参考咨询服务互动性强、特点最明显的模式。

3. 网络合作式参考咨询服务

网络合作式参考咨询是图书馆之间合作成立网上咨询中心，各成员图书馆咨询界面均是链接到共同的请求管理器。用户通过所在图书馆网页上的咨询服务链接，按照统一表单填写并发送咨询请求；咨询问题被送至请求管理器，请求管理器根据问题性质和用户情况自动检索成员馆数据库，根据工作时区、地理位置、资源特点、用户类别、接受问题数量限制、特别服务项目等，选择最合适的图书馆，将咨询问题以电子邮件形式传递给该馆；咨询问题得到解答后也将通过请求管理器传送回最初接受咨询的图书馆，并通过它传给用户，与此同时，咨询问题和相应的答案被存放入 Q/A 数据库。请求管理器还跟踪咨询解答过程，掌握问题得到回答的程度。咨询的有关数据可用于统计、管理，甚至自动回答用户查询。

网络参考咨询作为数字参考咨询服务的最高层次，其优势是不言而喻的：可以完成更深层次的学术咨询；可以共享合作馆的资源优势，完成个性化咨询服务；可以节省经费。

4. 数字参考咨询服务的新模式——微博与微信

微博是互联网发展进程中的一种新兴媒体，是人们生活、学习和工作中获取信息的主要途径之一。在微博与人们阅读关联日益紧密的今天，将微博与高校图书馆数字参考咨询服务相结合，是图书馆文化传播服务的一种新方向。可利用微博的特点让广大群众参与到学习中，使他们通过微博与作者、专家进行互动，为传播文化及知识提供广阔空间，让教育事业得到普及和快速发展。

交流互动性是微博最显著的特征，微博使读者与图书馆之间的交流具有实时沟通的特性，读者可以通过微博平台向图书管理员提出要求和问题，管理员会及时对其进行解答，以满足读者需求；微博具有个性化服务特点，能够将相同专业、相同兴趣、相同领域的读者汇集在一起进行统一服务，也可进行差异化服务，让图书馆数字参考咨询服务更加人性化；微博具有信息共享功能，在图书馆与某一读者进行互动交流过程中，对遇到的问题进行解答，也可以将解答结果分享给其他读者，由此避免多次回答相同问题，节省资源；微博具有按时间排序功能，可以方便读者掌握最新服务信息；微博具有评论功能，能够让图书馆咨询管理者掌握用户需求，及时调整服务方式，提高服务能力。

微博在图书馆参考咨询服务中的应用服务内容主要包括微博提醒服务、微博直播服务、微博课堂服务、微博群、微博访谈、微博订阅等。

## 三、文献传递服务

文献传递服务是图书馆通过一定的方式把用户所需的文献从文献源提供给用户的一种服务。具体来说，是信息用户将特定的已确知的文献需求告知图书馆，由图书馆通过一定的方式将用户需要的文献或替代品以其有效的方式与合理的费用直接或间接传递给使用者的一种服务。它具有快速、高效、简便的特点。现代意义的文献传递是在信息技术的支撑下从馆际互借发展而来，但又优于馆际互借的一种服务。在有关著作权法规允许的范围内，一般传递的文献以期刊文章为主，也可以是标准、专利、技术报告以及学位论文等全文。任何读者都可以向图书馆提出文献传递的请求。

文献传递服务分返还式和非返还式两种。传递方式包括 E-mail、Ariel、Web、FTP、FAX、普通邮寄、特快专递或者自取等。

### （一）文献传递服务机构

21 世纪以来，文献传递服务在中国大陆得以迅速发展。下面对几个比较重要的服务机构进行介绍。

1. 国家科技图书文献中心（NSTL）

NSTL 是国家科技图书文献中心（National Science and Technology Library）的英文缩写，是国内最早的具有联盟性质的虚拟式的科技文献信息服务机构，2000 年 6 月 12 日经国务院领导批准，由科技部联合财政部等五部委成立，以文献传递服务为主要业务。2000 年 12 月正式开通了 NSTL 网络服务系统。NSTL 采取"统一采购、规范加工、联合上网、资源共享"的运行机制，其目标是建立一个国家级的科技文献信息资源保障与服务体系。NSTL 网络服务系统作为对外服务的重要窗口，通过互联网为全国用户提供全方位的科技文献信息服务。

2. 中国高等教育文献保障系统（CALIS）

CALIS 是中国高等教育文献保障系统（China Academic Library & Information System）的英文缩写。CALIS 的宗旨是在教育部的领导下，把国家的投资、现代图书馆理念、先进的技术手段、高校丰富的文献资源和人力资源整合起来，建设以中国高等教育数字图书馆为核心的教育文献联合保障体系，实现信息资源共建、共知、共享，以发挥最大的社会效益和经济效益，为中国的高等教育服务。

高校图书馆馆际互借和文献传递系统是经国务院批准的我国高等教育"211 工程"总体规划中的两个公共服务体系之一，于 2004 年正式开始运行。截至 2010 年底，部署、开通 CALIS 馆际互借和文献传递系统的图书馆已经达到 200 多家，其中有近 100 家已经正式使用此系统。自开始运行以来，各馆间的文献传递量逐年上升，据不完全统计，2009 年文献传递总量近 25 万篇。

3. 上海图书馆文献提供中心

上海图书馆丰富的馆藏资源是开展文献提供服务的基础，1995 年上海图书馆与上海科学技术情报研究所的合并大大丰富了馆藏科技资源，其中专利、标准、科技报告等科技文献都是文献传递的重要内容。近年来，上海图书馆新开发的馆藏科技报告数据库、标准数据库、AIM 报告数据库等对馆藏的科技资源做了很好的整合和揭示，同时这些数据库实现了和文献提供服务的无缝链接，为文献提供工作和服务带来了便利。2003 年，上海图书馆文献提供中心成立之初，原文传递量不到 5 000 篇；2008 年，原文传递量突破 20 000 篇；2009 年，原文传递量达到 22 044 篇；2010 年，国家图书馆价格下调的影响开始辐射到上海图书馆，文献传递量略有下降，为 18 541 篇，文献满足率近 90%。

（二）文献传递的运作模式

文献传递服务模式是指文献服务馆与用户馆之间进行文献传递服务的工作方式，

主要有集中式无中介和分布式有中介两种。

1.集中式无中介服务模式

集中式无中介服务模式指以提供服务的馆为中心，获取服务的用户馆要在服务馆的馆际互借系统中去开户，并在用户馆系统的读者网关上提交文献传递请求。在该模式下，每个用户馆要到至少一个服务馆去开户，而且只能到开户的服务馆去获得服务。若文献传递网中的另一个服务馆要满足该用户馆的传递请求，需通过开户的服务馆去代为转发请求，否则要到多个服务馆开户才能直接获得服务，如 CASHL、NSTL、LCAS、国家图书馆。

2.分布式有中介服务模式

在该模式下，两个成员馆都需要安装同一馆际互借与文献传递系统，馆际通过协议机构互相传递请求，无须到对方馆的系统中开户。换言之，每个成员馆都可以随意向任何一个安装有馆际互借与文献传递系统的成员馆提交请求。在这种模式下，成员馆可以利用本地安装的用户服务网关收集用户的传递申请，并通过协议机构在同样的馆间转发请求，不需要到其他服务馆去开户，也无须登录其他服务馆的用户服务网关手工提交请求，所以推荐对外请求数多的成员馆采用这种模式。

在该模式下，各成员馆均安装有系统，既可采用集中式模式直接为其他用户馆提供服务，又可利用分布式模式间接为其他用户馆提供服务，均为服务馆，故又称为"服务馆模式"。在这种模式下，服务馆将原文传递给请求馆的馆际互借员，再由馆际互借员交给用户，如 CALIS。

# 第二节　高校图书馆现代化资源服务

## 一、移动图书馆服务

移动图书馆是指依托目前比较成熟的无线移动网络、国际互联网以及多媒体技术，使人们不受时间和空间的限制，通过使用各种移动设备灵活地进行图书信息查询、浏览与获取的一种新兴的图书馆信息服务。

移动图书馆是数字图书馆的一个分支，它具备数字图书馆的一般特征，还具备"可移动"的特征。这种"可移动"的特征表现为普通用户和读者可以不依赖 PC 端，通过手中的便携数字阅读设备就能浏览、下载、阅读和欣赏数字资源。移动图书馆除了可以管理传统意义上的报纸、图书、杂志资料外，还可以管理音频和视频文件。

## （一）移动图书馆的服务模式

移动图书馆的服务模式主要有 SMS、I-MODE、WAP、J2ME、IDB 等几种服务模式。

### 1.SMS 服务模式

SMS（Short Message Service）也称为短信服务，实质上是一种短信的存储和转发服务。发送人的短信通过 SMS 中心再转发给接收人，短消息并不是点对点的，而是始终通过 SMS 中心进行转发。如果接收人处于未连接状态（可能电话已关闭），则消息将在接收人再次连接时发送。由于早期的移动通信技术主要以短信服务最为普及，因此 SMS 模式相对较为成熟，移动图书馆的建设也是从手机短信开始的。图书馆采用 SMS 模式主要包括下行业务和交互式业务。下行业务主要用于读者被动地接受图书馆发送的信息，包括开放时间、新书通报、预约提取通知、图书到期提醒、图书馆讲座、图书催还等。交互业务是指读者利用手机向一个特定的服务号码以短信方式发送服务请求，主要包括证件挂失、续借图书、查询个人借阅信息、咨询问题、查找文献、提出建议等方面。由于短信服务模式对硬件要求低，实现容易，几乎所有开展移动图书馆业务的馆都支持该业务。SMS 服务模式的特点为及时、快捷、费用低廉，缺点在于消息格式简单，仅支持简单文本，无法传输图像、音频、视频等信息，因消息长度受限，难以实现复杂信息检索，交互性能较差。

目前，我国国内绝大多数的移动图书馆都能利用手机短信进行推送服务和定制服务。利用手机短信主要推送的服务内容有图书馆新闻动态、会议讲座通知、图书到期通知、图书逾期通知、图书归还通知、预约图书提取通知、新书到馆通报等；定制服务的内容主要有书目查询、图书预约 / 续借、参考咨询、建议留言等。

### 2.I-MODE 服务模式

I-MODE 服务模式是日本独有的一种移动互联网商业模式，由日本 NTT DoCoMo 移动通信公司在 1999 年 2 月推出，是一种移动电话服务。I-MODE 用户可以随时连接因特网进行浏览、收发电子邮件、网上购物、网上银行、订票、订餐等，与一般 PC 机拨号上网不同，I-MODE 更像专线上网，这种随时随地传送信息的方式深受用户喜爱。日本移动公司采用分组交互叠加技术，采用简化的 HTML 编辑网站，使传统的 WEB 网站很方便地转变为 I-MODE 网站。日本富山大学图书馆和东京大学图书馆均使用该技术开发 OPAC 查询系统，提供馆藏查询、图书催还、续借通知等服务。但这种模式除了日本，在其他国家就会"水土不服"。

### 3. WAP 服务模式

WAP（Wireless Application Protocol）是由 Motorola、Nokia、Ericsson 等几家公司和美国的软件公司 Phone.com 最早倡导和开发的无线应用协议，是使移动通信设备接入互联网的开放的国际标准，是一种窄带宽传输数据的通信协议。WAP 是无线应用协议的简称，是一种为移动终端提供互联网内容和先进增值服务的全球统一的开放式协议标准，目前最高版本为 WAP 2.0。WAP 的最大特点是系统结构的灵活性和协议的开放性，并可利用开发语言的优势，开发出更具交互性的服务界面。采用 WAP 网站可以提供比 SMS 模式更为丰富和强大的功能。WAP 技术已成为被大众广泛接受的无线联网方式，用户可以通过掌上终端设备访问图书馆的 WAP 网站，享受目录检索、查询开馆时间、存取电子期刊论文等服务。

目前，国家图书馆、北京大学图书馆、清华大学图书馆、上海交通大学图书馆、复旦大学图书馆、西安交通大学图书馆、四川大学图书馆、兰州大学图书馆等纷纷开展了 WAP 服务，可以说 WAP 服务是目前国内图书馆比较普遍使用的一种服务模式。

### （二）移动信息服务的模式

#### 1. 聊天服务模式

在网络环境下，图书馆利用 QQ 及其相关组件（如 QQ 群等），构建一个馆员与读者之间双向交流的渠道，使图书馆能够及时了解读者的需求和对图书馆的建议，使读者能更准确地利用图书馆的信息资源解决问题。QQ 既可以是图书馆内部互动交流的平台，又可以作为信息发布的平台，还可以成为馆员与读者沟通，进行学术研究、数字化参考咨询的平台。图书馆利用聊天服务模式可以进行信息报道、资源推荐、读者培训、文献的代查与借阅等。

#### 2. 博客服务模式

图书馆建立自己的博客后，馆员可以把自己工作实践中的经验、想法、学术研究等记录到博客上与读者和其他图书馆员分享，读者可以把自己利用图书馆的心得、感悟、要求、建议记录到博客上与图书馆员和其他读者分享。正是博客这种广泛的参与和互动，使读者之间、读者与图书馆之间、图书馆员之间可以相互交流，碰撞出思想的火花。

图书馆博客几乎可以渗透到图书馆业务的各个领域，成为图书馆与用户交互的重要平台。业务包括读者服务书目导读、信息导航和知识过滤、参考咨询服务、读者培训等。

#### 3. 微信公众平台服务模式

通过微信公众平台，个人和企业都可以打造一个微信公众号，并实现和特定群体的文字、图片、语音的全方位沟通、互动。

微信公众平台是一个开放的平台，向注册公众号的用户开放 API 接口，任何机构都可以开发并构建基于开放接口的第三方服务平台，实现和机构应用的无缝对接。微信官方为开发者提供了翔实的开发文档和代码示例，保证了开放接口的顺利搭建。通过这种开放平台的方式，用户可以实现实时消息管理、用户管理、消息群发管理、素材管理、品牌设置等常规功能：①信息推送服务；②自定义预设回复；③读者借阅服务；④参考咨询、文献传递、数字资源推荐。

4. 掌上国图服务模式

国家图书馆移动服务于 2008 年 12 月 22 日启动，经过试运行，目前已经形成利用短信、WAP、快讯等多项移动新技术，逐步建成移动数字图书馆、短信服务、WAP 网站、国图漫游以及手机阅读等服务模块，"掌上国图"服务正式向读者开放，为读者提供了更方便、更快捷的图书馆移动服务，也为我国图书馆移动服务提供了先进的发展理念与经验模式。服务模块包括短信服务模式、手机阅读模式、移动定位服务、移动数字图书馆服务。

随着科技水平的不断提高与进步，智能手机、移动平板设备的大量普及，针对移动互联网终端而开发的应用软件逐渐增多，读者可以直接下载、安装图书馆定制的移动设备应用软件。使用移动终端上安装的定制软件能够获取最新的图书馆信息资源，其访问原理与 WAP 服务基本一致，不同的是图书馆 WAP 服务平台界面变成了手机应用软件的界面，操作更为快捷方便。

北京大学图书馆为了方便读者在图书馆体验区的各种安卓系统的平板电脑上体验图书馆的部分服务，特别开发了一个名为"北京大学图书馆"的 App，点击这个 APP 可以快速查看北京大学图书馆的最新消息、阅读推荐书目、多媒体课件等内容。

## 二、高校图书馆的 VPN 服务

VPN 的英文全称是"Virtual Private Network"，即"虚拟专用网"，它是一门网络新技术，是在 Internet 网络中建立一条虚拟的专用通道，让两个远距离的网络客户能在一个专用的网络通道中相互传递数据信息。VPN 为我们提供了一种通过公用网络安全地对企业内部进行远程访问的连接方式。一个网络连接通常由 3 个部分组成：客户机、传输介质和服务器。VPN 同样由这 3 部分组成，不同的是 VPN 连接使用隧道作为传输通道，这个隧道是建立在公共网络和专用网络基础之上的，如 Internet 或 Intranet。

## （一）VPN 分类及其技术特点

根据用户使用情况和应用环境的不同特点，VPN 技术大致可分为三种典型应用方式：远程访问虚拟网（Access VPN）、企业内部虚拟网（Intranet VPN）和企业扩展虚拟网（Extranet VPN）。远程访问虚拟网是指在远程用户或移动用户与公司、企业内联网之间的 VPN。企业内部虚拟网是指在一个组织内部如何安全地连接两个相互信任的内联网，要求在公司与分支机构之间建立安全的通信连接。企业扩展虚拟网指企业与外部供应商、客户及其他利益相关群体间的企业网通过公共网络构建的虚拟专用网来提供灵活安全的连接。VPN 是介于公众网与专用网之间的一种网，具有以下特点：

1. 安全通信

VPN 使用了四个方面的技术保证通信的安全性，这四项技术分别是隧道技术、加解密技术、密钥管理技术和用户与设备身份认证技术，以保证信息在传输过程中不被篡改、复制。

2. 节约成本

VPN 可以充分利用现有网络资源，提供经济、灵活的联网方式，大大减少网络维护和设备的费用，为客户节省设备、人员和管理所需的投资，降低用户的通信费用，不必租用长途专线建设专网。

3. 覆盖地域广泛

Internet 可以很方便地通过 VPN 设备或软件构成各分支机构及总部间的 VPN。

4. 可扩展性强

网络配置简单，无须增加太多的设备，容易扩展。应用 VPN 技术可以很方便地增加或减少用户。可以灵活地增加 VPN 节点，而不会对原有网络造成较大的调整。

5. 便于管理

可以将大量的 VPN 网络管理（如安全管理、设备管理及 VPN 隧道管理等）工作交由 ISP 或 NSP 统一实现。由用户负责查验访问权、网络地址、安全性和网络变化管理等重要工作，具有较好的安全性。

## （二）常见 VPN 实现方法

在具体应用中，实现 VPN 技术主要有三种方案：软件平台 VPN、硬件平台 VPN 和辅助硬件平台 VPN。

1. 软件平台 VPN

软件公司所提供的完全基于软件的 VPN 产品可以实现简单 VPN 的功能，

如 Aventail Corp 公司的产品，甚至可以不需要另外购置软件，仅依靠微软的 Windows 操作系统就可实现纯软件平台的 VPN。特别是从 Windows 2000 系统开始对传统的 IPsec VPN 全面支持，不仅可以提供原来 PPTP 隧道协议 VPN 的方案支持，还提出了新的 L2TP 隧道协议 VPN 方案，使 VPN 的应用得到前所未有的推进。

2. 专用硬件平台 VPN

使用专用硬件平台的 VPN 设备可以满足企业和个人用户对高数据安全及通信性能的需求，尤其是从加密及数据乱码等对 CPU 处理能力需求很高的功能。提供这些平台的硬件厂商比较多，如 Cisco、3Com、华为、联想等。这类 VPN 平台需投资大量的硬件设备，投资成本较高。

3. 辅助硬件平台 VPN

这类 VPN 的平台介于软件平台和指定硬件平台之间，辅助硬件平台的 VPN 主要是以现有网络设备为基础，再增添适当的 VPN 软件，以实现 VPN 的功能。这是一种最为常见的 VPN 平台。但通常这种平台中的硬件也不能完全由原来的网络硬件完成，必要时还要添加专业的 VPN 设备，如 VPN 交换机、VPN 网关或路由器等。

（三）图书馆 VPN 服务

随着图书馆电子资源的增多，读者对其的利用率相应增加，其中校外访问要求也增多。但是，图书馆电子资源作为校内网络资源，由于受 IP 地址限制，一般只提供给校园网络用户使用，非校园网络用户无法登录校园网，更无法利用图书馆的电子资源。为解决非校园网用户的需求，提高图书馆电子资源的利用率，学者对其做了孜孜不倦的研究，其中利用 VPN 技术对图书进行远程访问是提高图书馆数字资源利用率的有效途径。

1.VPN 技术在图书馆服务中的设计

目前，在实际应用过程中，VPN 有多种类型设计。应用最多的主要是站点到站点 VPN、远程访问 VPN 两种。

（1）站点到站点 VPN 设计

站点到站点 VPN 连接的是两端局域网，一般用于校区总部与分部之间的连接，为了保证数据在公网中的传输安全，不被窃听、伪装、修改，采用隧道加密和数据加密的方式。站点到站点 VPN 中采用 IPSEC 协议保密数据。IPSEC 协议定义了 IP 数据包的方式，把多种安全技术集合在一起，构建了一个安全而又可靠的隧道，保证了网络上传输数据的完整性、真实性和私密性，为两个站点之间的数据传输提供了安全保障。

（2）远程访问 VPN 设计

远程访问 VPN（SSL-VPN）是将一台单独的远程计算机连接到本网络中。SSL（Secure Sockets Layer，安全套接层）协议是网景公司提出的基于 Web 应用的安全协议，SSL 用公钥加密，通过 SSL 连接完成数据的传输工作，指定应用程序（如 HTTP 等）和底层协议之间进行数据交换的安全机制，包括服务器认证、客户认证、SSL 链路上的数据完整性和保密性。

采用 SSL-VPN 的优点主要是读者直接使用浏览器完成操作而无须安装客户端软件；适用于大多数操作系统；具有良好的安全性；维护成本低，部署简单；等等。

2.VPN 技术在图书馆服务中的应用

要实现基于 VPN 连接，内部网络必须配置一台基于 VPN 的服务器，VPN 服务器一方面连接内部专用网络，另一方面要连接到 Internet。当客户机通过 VPN 连接与专用网络中的计算机进行通信时，先由 ISP 将所有的数据传送到 VPN 服务器，再由 VPN 服务器负责所有的数据传送到目标计算机。客户机向 VPN 服务器发出请求，VPN 服务器响应请求并向客户机发出身份质询，客户机将加密的响应信息发送到 VPN 服务器，VPN 服务器根据用户数据库检查该响应，如果该账户有效，VPN 服务器将检查该用户是否具有远程访问权限，如果该用户拥有远程访问的权限，VPN 服务器接受此连接。在身份验证过程中产生的客户机和服务器公有密钥将用来对数据进行加密。只要支持 PPTP 或 L2TP 协议的客户机，不管采用何种操作系统，都可以和 VPN 服务器连接。

3.VPN 的优势和不足之处

VPN 是一种连接，从表面上看它类似一种专用连接，但实际上是在共享网络的上实现的，该项技术给用户带来的优势体现在以下几个方面。

（1）节约成本

VPN 最主要的优势就是节约用户使用成本，这是它取胜传统专线网络的关键因素所在。

通过公用网建立 VPN，就可以节省大量的通信费用和租用专线费用，因此可以减少大量的人力、物力，去安装和维护 WAN（广域网）和远程访问设备。

（2）可靠的安全性

Internet 是一个公共网络，但 VPN 用户可以像使用专线一样用它安全地传送数据和信息。可见，VPN 的核心问题就是信息安全，VPN 专用产品均采用加密及身份验证等安全技术，保证公网上连接用户的可靠性及数据传输的安全性和保密性。为此，VPN 专用设备至少要提供以下几点安全功能：①数据加密，以保障通过公共网络传输的信息不被他人截取，不会被解密；②身份认证和信息认证，确保信息的完整性和使用用户的合法性；③可提供访问策略控制，以保证不同级别的用户有不同的访问权限，提高网络使用的安全性和规范性。

（3）支持常用网络协议

VPN 支持最常用的网络协议，基于 IP、IPX 和 Net BEUI 协议网络中的客户机都可以使用 VPN。新的 VPN 技术可以全面支持 Apple Talk、DEC Net、SNA 等几乎所有的局域网协议，随着网络接入技术的不断发展，新型的 VPN 技术可以支持 ADSL、Cable Modem 之类的宽带技术，还可以支持手机外网登陆。

VPN 技术的不足之处：基于互联网的虚拟专用网的可靠性和性能不在单位的直接控制之下，学校必须依靠提供虚拟专用网的互联网服务提供商保证服务的启动和运行。这个因素对与互联网服务提供商协商一个服务级协议，从而创建一个保证各种性能指标的协议是非常重要的。

# 第三节　高校图书馆的融合服务

## 一、自助图书馆服务

自助图书馆服务是近几年兴起、发展并开始投入应用服务的一种新型公共文化服务系统设施，其提供的就近文献服务让读者可以享受到人性化的阅读便利，并可有效延伸公共图书馆的开放服务时间、扩大辐射覆盖范围及提升服务负荷能力。

自助图书馆又可称为"无人值守图书馆"。它是图书馆业务自动化处理的组成部分，也是近几年国内外图书馆行业兴起的一种现代化服务方式。它利用网络通信、计算机、门禁监控等技术，为读者提供智能化程度较高的图书借还服务。在自助图书馆里，读者借还图书无须图书馆工作人员协助，完全由自己完成。自助图书馆是图书馆服务工作的延伸和延续，不但解决了读者借还书受开馆时间制约的问题，而且体现了图书馆人性化的服务理念，更提升了图书馆的服务形象和服务档次。

### （一）服务理念

作为现代科学技术与以人为本理念相结合的自助图书馆完美地诠释了免费、快捷、平等、开放的服务原则，将传统的"被动服务"模式转换为"主动服务"模式，使图书馆资源围绕读者展开，充分体现了"以读者为中心"这一服务理念。自助图书馆的服务宗旨是将图书馆资源实现最大化利用，使读者的阅读需求随时随地得到满足。一方面自助图书馆以读者的需求为发展的驱动力量，对传统运行模式加以改革，对图书馆的社会价值、服务质量、服务理念起到了重新塑造的作用。另一方面，读者通过使用自助图书馆，可以摆脱过去主要依靠图书馆员的指导和意志完成信息咨询、图书借阅归还等服务模式，可以完全按照自己的爱好和意愿进行图书的选择和利用，这也是人性化的另一种体现。

**（二）服务模式**

1. 馆内读者自助

许多图书馆都为自助设备设立了专门的空间或者独立的附属建筑，读者可以利用这些设备完成图书馆的检索、借阅和归还等服务内容，使图书馆的全天候服务成为可能。虽然这种独立的馆内读者自助设备可以提供 24 小时服务，但是须依靠图书馆或附属建筑而存在，缺少独立性。

2. ATM 式自助图书

ATM 式自助服务设备可以根据图书馆的具体服务而定制，这种设备通过还书就可上架借出的功能可以有效减少人力和物力成本。低成本和网点化铺设是其主要优势，但是这种设备也存在可供选择的图书资源较少、服务内容较单一（仅包括借还功能）等局限性。

3. 漂流亭式自助图书

传统的图书漂流是指放在图书馆公共位置的图书，读者不需要办理借阅手续就可以自由阅读。漂流亭式图书馆是传统方式在馆外的延伸和补充，这种自助服务是 RFID 技术与图书漂流相结合的产物，虽然能够辨别多种证件，有效提高图书的利用率，但是它所能提供的服务比较单一。

4. 24 小时街区自助图书馆

这种自助图书馆不仅能够为读者提供图书借阅、归还、办证、检索、预约等基本服务，还集成了 RFID、条形码技术，在架图书对读者而言一目了然。24 小时街区自助图书馆可以提供更为全面的服务功能，也可以实现网点化建设，但是这种自助图书馆依靠的 RFID 设备受限于技术、物等方面的支持。

**（三）自助图书馆的系统和特点**

1. 自助图书馆系统

对自助图书馆起支撑作用的系统应该包括基本服务设备、图书管理系统、馆内监控设备、图书损坏识别技术、RFID 标签识别技术等。其具体功能如下。

（1）基本服务设备

要实现与传统图书馆相同的服务功能，如图书借阅、归还、预约等，就需要依靠数据的管理和存储技术的支持来实现自助图书馆与总馆之间数据的完全共享。另外，为保证图书提取、上架工作的顺利完成，可以使用坐标定位技术，以克服机械手臂无法精确定位这一难题，完成 ATM 式自助图书馆的图书提取和自动上架。

（2）图书管理系统

为避免自助图书馆出现满架或空架现象，就需要随时对馆内的图书资源进行实时监控，以控制图书的现存数量。图书管理系统可以为自助图书馆分析图书供需情况和自动分析读者对图书资源的需求变化，总馆可以以此为依据对自助图书馆进行资源调配。另外，图书管理系统还可以在出现故障时自动报警。

（3）馆内监控设备

馆内监控可以对自助图书馆的防盗、视频监控、门禁控制等功能发挥重要作用。在自助图书馆正常运行时，可以保证各种服务正常运行；在发生意外或违反程序私自带走图书的情况下，馆内监控能够立即自动报警，并对门禁上锁，事后可以通过视频记录查看事件全过程。这种馆内监控设备可以在一定程度上保证自助图书馆的安全性。

（4）RFID 标签识别

自助图书馆内的图书都贴有 RFID 标签，这种标签和条形码、磁条是同时存在的，可以使图书不局限在某一个自助图书馆内，在总馆和其他自助馆内自由流动，而且贴有 RFID 标签的图书具有易被机器设备辨别的优势，方便图书的借阅、归还等工作。另外，它还可以实现图书在书架上的定位、馆藏和存量信息显示等功能。

（5）图书损坏识别

图书损坏识别技术可以通过计算机进行控制，对损坏的程度是否需要报警可以由计算机进行设定。在识别过程中，在终端服务器上可以通过文字或者语音的方式显示对图书损坏检测的评价和结果。

2. 自助图书馆的特点

自助图书馆作为一种新的服务模式，有着不同于传统图书馆的特点。

（1）服务性

发展自助图书馆的初衷是让读者自己为自己服务，即脱离传统的馆员服务，读者根据自己的时间、兴趣等通过自主的操作完成对图书的借阅、归还等一系列活动。且其服务质量并不低于传统服务。在这种自助式的服务中，读者可以完全脱离传统图书馆服务中的束缚，不受时空限制自主操作设备以实现需求，这充分体现了自助图书馆的服务性特点。在整个自助服务中，读者可以根据自己的主观需求，发挥自身能动性，实现服务性。这样，读者在操作过程中既是服务的实施者和操作者，又是享受服务的对象和被服务者，体现了主体与客体的相互统一。

（2）科学性

目前，自助图书馆大多采用 RFID 技术。它是一种非接触式自动识别技术，通过发出的射频信号，以空间耦合实现无线接触信息传递，并通过传递的信息达到识别物体的自动识别技术。自助图书馆依靠这种技术为读者提供智能化的图书借还服务，并以此实现图书馆自动化服务。自助图书馆通过 RFID 技术带来全新的服务方式，提高了广大读者的满意度和便捷性，通过科学性地运用突出人性化的服务理念不断推动图书馆服务手段的创新。

（3）自由性

传统模式下的图书馆由于受到开闭馆时间的限制，无法满足读者对书籍的随时需求。读者只能根据图书馆的开放时间满足自己的需求，这时候需要一种更加自由的服务，于是自助图书馆应运而生。由于自助图书馆采用的是人机模式，运行时间不会受到限制，读者可以更加自由地根据自己的即时需求来选择借阅书籍的时间。这种全自由的 24 小时服务模式也是国内外图书馆发展的必然趋势。另外，自助图书馆使民众的阅读空间也变得更加广阔，它将有范围的传统图书馆扩大，为读者提供了一种无障碍的阅读环境。

（4）高效性

作为一种全新的图书馆服务项目，自助图书馆在建设上表现出了传统建筑实体形式的图书馆无法比拟的优势，即占地面积小、建设成本低、展现效果快、建设周期短，这使自助图书馆成为继第一代传统图书馆和第二代数字图书馆之后的"第三代图书馆"。在服务上，自助图书馆更贴近读者生活，并且在选址、布局、交通等方面体现出了方便和快捷；在形式上，自助图书馆呈现出无专人看守、自助办证、自助借阅、自助归还等便利条件。自助图书馆的运用大大提高了图书馆文献资源的利用率，充分体现了自助图书馆工作的高效性。

（5）广泛性

自助图书馆自运行后，受到越来越多读者的使用和欢迎，图书的借书量和阅读量都带来了明显的提升。由于自助图书馆的便利快捷性，越来越多的读者在茶余饭后选择借阅图书来丰富自己各方面的知识。自助图书馆产生的这种广泛性是远远超过传统图书馆的。而这种广泛性产生的影响不仅体现在为广大读者搭建了一种便捷的阅读平台，还使图书馆自身的品牌和形象得到了提升，这对整个城市的文化事业建设也产生了积极的影响。

## 二、智慧图书馆服务

智慧图书馆是在物联网的环境下产生的。物联网的概念早在 1999 年就已经被正式提出，并迅速发展壮大，波及全球。"智慧图书馆"概念的提出和具体实践最早出现在欧美国家的图书馆和博物馆中，尤其是大学图书馆。例如，芬兰奥卢大学图书馆、澳大利亚昆士兰州和加拿大渥太华的一些图书馆与博物馆等。智慧图书馆主要以图书馆资源为基础，提供一站式服务、移动服务、应用无线射频技术（RFID）的自助服务等。2005 年，我国开始注意并重视智慧图书馆的研究和实践。2010 年，严栋在《基于物联网的智慧图书馆》一文中明确提出，在当前的信息技术时代，图书馆的管理和服务将会以一种更智慧的方式出现在社会中。2011 年以来，董晓霞、王世伟等人也相继发表文章，开始大规模地对智慧图书馆进行研究。

智慧图书馆是比数字图书馆更加高级的一种图书馆服务及管理模式，它能够借助物联网技术为用户提供数字化、智能化、网络化、智慧化的便捷服务；它以绿色发展、惠及万民为宗旨，以高效、互联、便捷为特征，既重视高新科技的应用，又重视用户的根本需求，既重视对文献资源的智能化管理，又重视用户的互动参与，以此实现图书馆的健康、稳定、可持续发展。

### （一）智慧图书馆的构成要素

1. 技术要素

智慧图书馆的相关应用依赖技术的支持，从基于数据挖掘的物联网、云计算、语义网技术到移动通信、无线网络、社会性网络等网络技术，这些综合性技术的应用实现了用户在网络环境下的互动与知识创造，为图书馆利用大数据构建知识服务体系、开展业务建设提供了依据。

（1）移动定位技术

利用智能手机或移动设备精准的卫星定位（GPS 系统）为图书馆的相关业务插件提供支持可以实现智慧图书馆的社会化网络及其他智能应用。例如，利用二维码和手机拍摄功能进行位置和对象的定位等。

（2）知识发现技术

除了掌握通用数据记录中的个人身份、借阅记录等结构化数据外，图书馆还可以运用"大数据"的相关技术实时更新大量的存储信息行为、搜索方式、行为痕迹等半结构化、非结构化数据。通过数据挖掘分析用户行为、资源利用现状，构建图书馆业务建设模型及风险模型。

（3）平台支持技术

平台支持技术包括云计算技术、物联网技术、位置 SaaS 服务化接口技术、隐私保护技术等。

（4）图书馆 3.0 技术

图书馆 2.0 技术实现了用户在图书馆网络下的资源互动与共享，如 IM、Blog、维基百科等应用。而图书馆 3.0 技术是对图书馆 2.0 技术的深入，其智能化网络是对开源软件、资源共享、广泛参与等因特网应用的升级。图书馆 3.0 技术对各种网络资源进行整合，使网络成为以人为中心的多形式、多互动的社会化形式，如博客、维基、YouTube、3D 虚拟社区、微博等，使网络服务更加智能化、个性化。同时，让图书馆的搜索引擎发展到了智能语意搜索阶段，能针对搜索人的不同身份、不同要求来调整搜索结果及信息排列顺序。

2. 服务要素

图书馆的知识服务是指以用户信息需求为导向，满足他们知识创新和知识增值活动的服务体系。它具有集成化、增值化、个性化、多元化的服务特征，在数据获取、处理、利用等方面都发生了巨大变化。

（1）个性化知识服务

个性化和知识服务是图书馆以原有的信息或知识为基础进行搜集、组合、分析，根据用户的提问和环境，融入用户解决问题的过程，提供有助于用户个人的、有效力的支持知识应用和知识创新的服务。比如，开发个性化信息资源系统、用户个人主页等。"我的图书馆（My Library）"是一个用户可操作的个性化平台，除了记录读者借阅行为、进行逾期提醒、图书馆服务定制预约外，还能组织个人网络知识资源平台。同时，根据用户需求，以广大用户的搜索行为、存储行为为前提，进行半结构化数据和非结构化数据的再加工和分析，完成知识的组织、匹配、传送、利用，鼓励知识的再创造。

（2）学科化服务

学科化服务是为有需要的用户提供有针对性、专指性的专业知识服务。图书馆应该组织馆员和数据分析师为有专业需求的用户提供学科知识的需求分析、信息检索、参考咨询和课题服务。学科知识服务平台是一个需求驱动的智能化服务平台，支持学科需求分析、学科化知识化信息选择与集成服务等。该平台建立在学科、特色资源平台之上，与个人数字图书馆、个性化信息环境相连接，将个性化服务嵌入用户信息环境中。

（3）数字参考咨询服务

数字参考咨询服务的主要形式有以下几种：①实时交互式参考咨询服务。目前，许多图书馆开展了类似的咨询服务，通过网络咨询问答，以文字、图像，语音和视频的形式与用户进行面对面的交流，如上海图书馆采用的专家实时在线咨询服务。②异步式参考咨询服务。其是通过电子邮件、电子公告、留言板等方式实现的，如上海图书馆的网上联合知识导航站，它既包含类似留言板的读者提问、馆员抢答的窗口，又包含学科专家咨询界面，将专业性较强的问题同时发送给合作图书情报机构的资深参考咨询员及国外研究机构，以强大的网络资源和合作机构的馆藏资源为后盾。通过参考咨询平台，为任何时间、任意地点的用户提供参考服务。当然，智慧图书馆的创新服务还包括一些超越用户需求的参考咨询服务，这些充分调动了馆员自身的智慧分析、解决问题，辅助用户的知识创新活动。③知识组织与管理服务，图书馆除了对知识进行获取、加工、管理等活动外，还要对隐性知识和外部知识进行跟踪和获取，了解信息技术和数据库的更新变化，整合特色数字资源及编制专题性的导航库，通过智力加工，形成独特的知识产品，并帮助人们以简洁、易懂的方式识别有用信息，找到知识之间的联系。智慧图书馆的知识服务就是运用各种智能化手段，将隐性知识逐一挖掘，按照用户的使用习惯和喜好，加以筛选、排序，为用户提供定题服务。

3. 馆员要素

馆员是图书馆服务的主体，馆员的专业素养直接影响着图书馆的服务质量。因此，智慧图书馆要改善的不仅是服务方式和手段，还要关注馆员业务能力的培养。从思想上帮助馆员认识智慧图书馆，重新认识自身价值，实现成长。智慧图书馆的发展是围绕信息技术的升级展开的。随着物联网和云计算的普及，图书馆的物理设备之间产生了普遍联系，其技术也涉及标识、传感、传输、应用等，形成了智慧化的网络。馆员除了熟悉新技术和新设备外，还要努力适应图书馆先进的服务模式和相关软件的应用。

物联网的应用使图书馆在工作模式、硬件和软件升级等方面发生了重大转变。未来，智慧图书馆会将图书馆的基础业务部门压缩到资源建设部门、用户服务部门、技术服务部门。根据部门变化，馆员应做好自身调整，适应环境发展。智慧图书馆集成了编目、加工、服务、传播、流通、共享等功能在内的综合性服务，形成了智慧化网络。统一对资源进行规划、分析、加工，有利于资源的综合调配和规划。馆员应对馆藏资源建设有充分的了解，并学习相关技术予以评价标记，以便用户使用。

### 4. 资源要素

传统的图书馆依赖单一的纸质资源开展知识传播和服务，而智慧图书馆则建立了集群式的管理网络，除了以印刷、数字、网络等为载体的多媒体文献外，还扩展了以文献感知为基础的智慧化服务体系。通过对各种半结构化和非结构化数据的分析，以智慧化手段收集用户阅读活动中的知识发现和知识创新。跨系统应用集成、跨部门信息共享、跨库网转换互通、跨媒体深度融合、跨馆际物流速递的服务与管理新形态已成为图书馆发展的重点，旨在建立书书相连的图书馆服务新模式。

### 5. 设备要素

智慧图书馆的硬件设施和软件平台都在走向智能化。在流通环节，它摈弃了传统的条形码、扫描枪，应用最新的 RFID 标签及读卡器，甚至是二维码技术将图书馆馆藏和物理设施等巧妙地融合在了一起，变相地延长了服务时间，实现了自助式和 24 小时人性化服务。而集成了图书馆资源的电子设备（如电子书、PAD、手机等）也实现了图书馆 3.0 时代的图书馆个性化体验活动。将图书馆基础服务、讲座服务、书友会性质的社交网络应用以插件的形式安装在电子设备上，既实现了图书馆服务的宣传，又实现了用户更广泛的活动体验。

## （二）智慧图书馆的特点

从数字化、智能化等表面特征能够挖掘到智慧图书馆的内在特质，即互联、高效和便捷。这三大特点并不是孤立存在的，而是相互联系、相互作用的。其中，互联是智慧图书馆的基石，为高效和便捷提供先进的技术支持，这也是它区别于数字图书馆和复合型图书馆的关键所在；高效是智慧图书馆的精髓，是确保智慧图书馆健康长远发展的重要保障；便捷是智慧图书馆的根本追求，也是智慧图书馆人性化服务的完美体现。

### 1. 互联性

21 世纪，互联网的发展已经今非昔比。而智慧图书馆的建设必然要以互联性为依托和基础，这具体表现在三个方面。

（1）对图书馆中人、物的全面感知

所谓全面感知，就是在数字化、智能化等基础上实现感知信息的全面覆盖，即把各种文献信息和读者、馆员的信息互联在一起。例如，挪威的汽车图书馆利用全面感知技术，实现了馆员和读者的互动，为读者提供了文献资料借阅、音乐欣赏等多姿多

103

彩的服务。2012 年 5 月，在图书馆服务宣传周上，上海图书馆与盛大文学合作，借助互联网把"网络文学"引入公共图书馆中，方便了广大读者的数字化阅读。

（2）跨越时空的立体互联

这种立体互联摆脱了时间和空间的限制。从大的方面来看，可以是跨国界、跨地区、跨行业的立体互联；从小的方面来看，可以是跨部门、跨楼层、跨桌椅的立体互联。当然，还包括三网的互联、人机的互联等。以图书馆座位预订信息管理为例，读者可以通过图书馆的座位显示屏预选座位，像在电影院选座一样，这样不仅缓解了图书馆座位的供需矛盾，还真正实现了人、物的立体互联。

（3）信息的共享和协同

信息的共享和协同是一种勇敢的创新，它必须突破机制、体制的重重障碍。以图书馆读者诚信网的建设为例，各图书馆之间可以像银行一样，建立个人诚信信息管理系统，然后进行同城、全省乃至全国的信息联网，并在智慧图书馆深度协同理念和信息技术的帮助下，实现图书馆读者诚信网的建设。

2. 高效性

作为未来图书馆发展的新模式，智慧图书馆实现服务和管理的高效率是极为重要的。高效性是智慧图书馆的宗旨和保障，它主要表现在三个方面。

（1）灵敏和便捷

高效率的图书馆对服务和管理的反映、处理自然是灵敏的。随着我国大型图书馆数量的增多，智慧图书馆的开发和使用对提高全国图书馆的工作效率是非常有效的。它能够整合各种分散的要素，能够在千变万化的动态情况下及时捕捉各种有效信息，促进管理效率和服务质量的提升。

（2）节能和低碳

绿色环保是全世界的共同呼声，在智慧图书馆的建设上，必须以绿色发展为核心。我国有个极为鲜明的例子，台北市立图书馆的北投分馆就是以"绿色图书馆"为主题进行建设的。它位于居民生活区附近的绿化带中，以木结构为主，确保了冬暖夏凉的良好效果；其屋顶使用太阳能集光板收集清洁能源，还专门设计了收集雨水的管道，利用储备的雨水冲刷卫生间等。这无疑为我们节能和低碳提供了非常有益的启示。

（3）整合和集群

智慧图书馆的协同理念和信息共享平台能够在方便读者借阅的同时，实现图书馆所有资源的最优化配置。尤其是整合集群的理念，把一个个独立的图书馆通过互联网整合为一个更大的集体，使不在同一地区的读者可以跨馆、跨区使用图书馆的文献资源、设备资源、人力资源等。例如，近十几年来，东、西部的图书馆借助网上讲座等模式，实现了各自的特色资源共享，使西部偏远地区的人们足不出户就能享受到东部地区丰富的资源和服务，而东部地区的人们也能享受到西部地区极富地域色彩的文献资源。

### 3. 便捷性

智慧图书馆不仅技术先进、管理先进，还能培养出智慧型的读者。一切信息科技的进步都是为方便人类的生活而存在的，基于物联网的智慧图书馆更是如此。

（1）以人为本，惠及全民

智慧图书馆的服务理念就是坚持以人为本，让读者能够就近享受到丰富的文献资源和舒适的学习环境，达到便民、利民、为民的根本目标。其中，最完美的体现就是手机图书馆以及掌上图书馆的开通和使用。例如，上海图书馆的手机图书馆经过多次升级，为读者提供了多样化的服务功能；中国国家图书馆的"掌上国图"独具特色，为读者查阅、下载、印刷等各种信息带来极大的便利。

（2）方便快捷，互动互利

智慧图书馆相对于普通图书馆来说，其服务质量更加优化，更趋向于智能化、个性化、人性化、互动式的服务。比如，上海开办世博会期间，上海图书馆和普陀区图书馆共同合作，在世博园内设置了图书自助漂流亭。在它的帮助下，读者可以在网上查询信息、传递文献、预订席位、自助借还书等，不仅节约了时间，还节省了资源，可谓一举两得。

## 三、共享空间服务

### （一）图书馆空间服务

#### 1. 信息共享空间

信息共享空间（Information Commons,IC）是 20 世纪 90 年代在美国兴起的在共享式学习和开放获取运动背景下，以培育读者信息素养，促进学习交流、协作和研究为目标的一种创新服务模式。

信息共享空间是一个经特意设计的学习、交流、创作和研究的环境，是目前国外大学图书馆的信息服务核心，它以最先进的计算机、网络和通信设备为基础，以丰富的知识库、电子资源和教育资源将校园内的学生、教师、技术专家、图书馆员、写作指导教师等联在一起，为读者提供一站式信息服务。因此，美国的罗伯特·希尔

（Robert A.Seal）认为信息共享空间具有普遍性、适应性、灵活性和公共性四个基本特征。

2. 第三空间

有学者从社会学的角度出发，把社会空间分为三个层次：第一空间是家庭环境；第二空间是职场环境；第三空间便是前两者之外的其他所有空间，如酒吧、美术馆、图书馆、书店、咖啡馆、公园等。"第三空间"是人们停留、消遣、交流、思考并能够自由地释放自我的地方，是人与信息、人与人之间交流知识的共享空间。图书馆的"第三空间"可以实现从"书本位"到"人本位"的转变。书本位强调的是静态信息，人本位则更加强调动态知识的交流。图书馆为用户提供了一个平等、温馨、自由、互动的学习与交流空间，最大限度地发挥了图书馆的社会公益性作用。2009 年，在意大利都灵市举行的国际图书馆协会联合会上，"作为第三空间的图书馆"主题备受关注。

3. 创客空间

创客起源于美国硅谷人的"车库精神"，他们将创意点子从脑子"搬上"桌子，让越来越多的原创者自愿通过网络公开和分享自己的创意源代码。自 1981 年在德国柏林诞生全球第一家创客空间后，"创客空间"概念随后便在世界各国传播并引发热议。"创客空间"是美国图书馆近年来开展的一项创新服务，目的是吸引具有计算机、艺术设计、手工制作等共同兴趣爱好的群体进行聚会、社交、协同创作等活动。创客空间常被视作开放社区的实验室，整合了机器工厂、工作坊和工作室的元素，人们可以在其中分享资源和知识。截至 2012 年 4 月，全世界范围内建立了超过 500 个创客空间组织，创客空间作为图书馆新的服务类型，充分发挥了图书馆的作用。

4. 泛在空间

泛在图书馆是在数字图书馆发展历程中提出的一个新概念，是以用户为中心、重构用户需求服务方式的图书馆服务新模式，主要体现在服务范围、服务对象、服务内容、服务功能、服务空间、服务手段和服务机制等的泛在化上。泛在空间是由网络设施、硬件、软件、信息资源和人有机组成的新一代的知识基础设施。它是一个无所不在的、自然的、易于使用的学习环境，任何人都可以在任何地方、任何时间、以他们身边的便携式设备来获取他们所需要的信息资源。

## （二）信息共享空间的基本构架

信息共享空间是一个包括空间、资源和服务三维立体的服务模式，它的建设是一个整体的建设，不是图书馆某一个部门的建设。任何信息共享空间都是这三个要素的有机整合。

空间是信息共享空间营造的实体场所，如个人学习空间、团体协作空间等。它位于信息共享空间构成模型的底层，是信息共享空间的基本物理条件。所谓资源，是信息共享空间基于空间为读者提供的信息资源、设备资源、技术资源和人力资源等一站式资源。服务则是信息共享空间在空间和资源的基础上为读者提供的丰富多样、完备周到的服务，如联合咨询服务、一站式服务等。其中，一站式服务是指读者能够在一个平台上获得各种形式、内容的资源，享受各种范围、层次的服务，从而方便、快捷地获得对各种问题的解答，完成知识管理的所有过程，同时帮助读者提高信息素养并促进学术交流，从而为读者节省大量的时间与精力，极大地提高图书馆的信息服务质量。

1. 功能服务模块构建

功能服务模块是信息共享空间为读者服务的基本架构，是与读者最直接的接触点，模块构建的好坏将直接关系到信息共享空间建设能否成功。功能服务模块可以分为以下几个部分：

（1）服务区

服务区是读者进入信息共享空间的物理环境，是整个信息共享空间建设的基础设施。此功能区结合传统图书馆服务，为读者提供有关信息共享空间的服务项目、资源和功能的基本信息，引导读者到相关区域获得所需资源。当读者的信息需求在服务区得不到满足时，服务区的工作人员可将问题转交其他图书馆工作人员或相关专家予以解答。另外，服务区还可以提供计算机、复印机、扫描仪和打印机等设备的使用帮助和故障维修等服务。在信息共享空间内，所有打印机与计算机应是互联的，读者可以在任何一台计算机上打印。

（2）学习区

图书馆应重视团体的协作学习问题，培养读者特别是学生读者的团体协作精神。因此，图书馆的信息共享空间通常会将学习区划分为小组学习区和个人学习区。在小组学习区，研究领域相似或志趣相同的读者可以集中在一起交流讨论，共同学习。小组学习区可以作为一个小型教室，由图书馆工作人员或有关教师、专家参与读者的课题讨论，进行答疑解惑等活动。小组学习区的主要设备包括计算机、显示器、投影仪、写字板和网络接口等。个人学习区是更加独立的小空间，读者可以通过计算机等信息设备在个人学习区查阅馆藏资源、各种数据库、网络资源等，也可以进行多媒体文件的设计、制作、编辑等，还可以自带移动终端，方便个人更加便捷地获取所需信息。个人学习区可配置桌椅板凳、计算机及无线网卡等，为读者提供一个相对自由开放的学习空间。

（3）多功能区

多功能区是一个数字化讨论室，可以进行项目研究讨论、培训等。图书馆可以在数字化讨论室举办读者信息教育讲座，主动对读者进行信息素质教育，以提高读者的信息素养。数字化讨论室要配备计算机、演播设备、投影仪等。

另外，多功能区应设立多媒体工作站，供多人共同观看数字影视作品、图片资料或其他多媒体资料。多媒体工作站要配备功能强大的多媒体处理计算机和完善的附件设备，主要为读者提供打印、复印、扫描、刻录光盘等服务。

（4）休闲区

休闲区提供多种休闲、交流方式。读者可以在这里欣赏音乐、品尝饮料、讨论感兴趣的话题，甚至还可以玩休闲游戏。轻松愉快的环境是休闲区的最大特点。休闲区内可配置舒服的沙发、自动售货机等设施供读者使用。另外，根据各馆实际情况，在信息共享空间内还可以增加外语自助学习区等功能模块。

2. 信息共享空间构建策略

（1）图书馆信息共享空间的组织结构

信息共享空间一般由总服务台、电子阅览室、个人学习空间、小组学习空间以及休闲娱乐空间组成。总服务台为读者提供基本信息服务，包括服务内容、项目、图书馆制度、信息服务流程等。电子阅览室是读者获取信息的基本平台，配有多媒体计算机、打印机以及其他多媒体设备。个人学习空间是专属于读者的学习和研究的独立空间，其中配备有常用的工具书、互联网接口等。小组学习空间适用于专业学习以及科研活动，一般由研修室或是网络小组组成。休闲娱乐空间是一种人性化的阅读空间，读者可以休息，或享受多媒体娱乐。

（2）信息共享空间的服务内容

图书馆工作人员为读者提供其所需要的各种媒体资源、设备以及设备使用的技术指导。图书馆工作人员亦可以参与到读者的研究活动中，根据项目的发展情况，为读者提供服务。

在信息共享空间中，读者不仅能够获得其所需要的信息，还能够得到信息素养方面的培训，如信息检索课程以及其他网络数据资源的使用课程。

图书馆工作人员应当为读者提供如何利用图书、期刊、报纸等信息资源的方法，帮助读者撰写论文以及进行其他科研工作。

（3）图书馆信息共享空间的构建策略

信息共享空间与传统图书馆服务的不同在于，其所要提供的是一种综合性、一站式信息服务。因此，图书馆工作人员必须树立起信息化的服务理念。具体而言，在提供服务时，图书馆工作人员应当以读者为中心，也就是说应当从读者的角度去思考问题，提供更人性化的信息服务。

在信息共享空间的设计上，既要充分考虑当前图书馆的规模、资金，也要为图书馆今后的发展留下足够的空间。在具体设计的过程中，应当从实际情况出发，不能盲目追求规模，而忽视质量。

信息共享空间之所以能够为读者提供一站式的信息服务，关键在于其利用信息化的技术将传统图书馆所能提供的服务全都整合到一个信息化的平台。同时，利用信息化平台的技术将原有的服务质量提升到一个新的高度。因此，整合服务资源是实现信息共享空间的关键。此外，除了为读者提供必要的信息资源，还应当重视服务规章制度的制定。例如，从规范服务宗旨、服务规则以及其他相关服务规章制度入手，保障读者能够获得高效稳定的信息服务。

信息共享空间的构建离不开高素质的信息人才，因此在构建过程中，应当注意人力资源的配置工作。一方面要加强优质人才的引入，另一方面要加强工作人员的学习和培训。同时，争取多方面的合作是提升服务质量的关键。具体而言，图书馆可以采用馆际合作的模式，将一些成功经验引入自身信息共享空间的建设中。尤其是一些优质的数字化馆藏资源，其可以作为完善自身信息服务的基础。

信息共享空间的良性发展离不开严格的质量评价体系。质量评价应当以读者的需求为中心，从读者反馈的信息中可以有效地发现当前服务所存在的问题，从而有效地改进工作，提升服务质量。

3. 信息共享空间方向的拓展

随着实践和研究的不断深入，学习空间的内涵也在不断丰富与发展。

（1）学习空间

学习空间就是能通过一定的技术手段促进学习和协作，能让学习者自由参与、互动协作，且能灵活满足学习者不断变化的需求的环境。它既包括物理空间，也包括虚拟空间。其核心是把学习作为创建信息共享空间的主要目的。

（2）研究空间

研究空间的核心是把学术研究作为图书馆提供小众化特别服务的目标，因此它侧重于为研究人员的学术研究和协作研究提供支持，这种定位或许更适合研究型图书馆更为适合。

（3）知识空间

知识空间强调对知识获取、共享、管理和知识创造活动的支持。不过我们认为，在实体空间上去营造一个"知识空间"并不现实，因为信息共享空间的原意在于从图书馆巨大的通用阅读空间中划分出一个适合小范围用户使用、满足特色用途的区域。而真正要构建任何一个领域的"知识空间"，都有可能需要一个类似图书馆专题阅览室乃至书库的区域才能达成。

（4）校园空间

校园空间是指把整个大学校园视为一个开放的空间，通过校园内各个部门及组织间的联合，共同支持学生的协同学习、教育和教师的研究活动。在校园空间，图书馆的信息共享空间就像传统教育的基础支持设施一样，是校园共享空间的一个重要的空间形态。

（5）全球信息村

全球信息村强调基于虚拟网络环境，支持人们对知识随时、随地、随需地开放获取与共享。它更像当初的"地球村"的概念，而不应仅局限在一个图书馆或一所学校的范畴来看待信息共享空间的扩展。全球信息村也许就是对未来更宏大的"信息共享空间云"的描述。

# 第四节　高校图书馆的学科化服务

## 一、国内高校图书馆学科化服务存在的问题

### （一）高校图书馆学科咨询服务内容单一

学科咨询服务一般只是负责论文提交、科技查新、查收查引、文献传递等占用大块时间的服务，而面向课题咨询、项目咨询的内容不多。学科馆员专职较少，兼职居多。在学科交叉的背景下，更需要学科馆员的学科背景多样化。而作为学科馆员的大多数是学科背景单一的某一学院的教授、学科顾问等。

### （二）学科馆员整体素质偏低

在国外，学科馆员总数约占图书馆员总数的30%，而在目前我国1 800多所高校的6万至7万馆员中，学科馆员所占比例尚不到一成。从学科馆员的人员结构配备来看，绝大多数"985"工程大学图书馆学科馆员的学历结构、职称结构、层次结构等

不尽合理，专职较少，兼职居多，总体素质偏低，难以承担深层次服务。

### （三）面向科研的学科支撑服务不深入

对图书馆学科资源整合较少，专题数据库缺乏建设。在国内研究性大学图书馆中，针对研究支持这方面，高校图书馆除提供最基础的服务，如定题服务、科技查新、收录引证、核心期刊收录查询外，科研评估方面的服务较少，只有23%的高校图书馆可以提供科研评估服务。科研成果的存储空间（如机构仓储、学术典藏库等）的建设滞后，只有大连理工大学图书馆提供机构仓储服务。

## 二、完善高校图书馆面向科研的学科化服务举措

### （一）高校图书馆开展科学数据管理服务

#### 1. 开发与挖掘科学数据

目前，高校图书馆用户更加重视对获取信息的认知和利用，由大粒度的文件网络转向细粒度科学数据挖掘、数据分析，已成为高校图书馆信息服务发展的大趋势。什么是科学数据？美国行政管理和预算局认为研究数据是"通常被科学社会所接受的，用于验证研究发现的被记录的必要的事实材料"。分析数据包括但不仅限于科学出版物中的数字信息，如数字图像、出版的图表以及用于创立图表的数据表格。必要的元数据包括但不仅限于对实验、仪器、原始数据集、计算机代码、模型参数以及输入条件的描述和合理引用。一般而言，研究数据是一个调查者需要用于重新生产可出版成果的任何产品。一些学者认为，科学数据是指在科技活动中通过实验、观测、探索、调查或其他方式所获取的原始基本数据。科研数据是指在科研活动中产生的数据，为科研成果编写奠定重要基础。

笔者认为，研究数据主要有以下特征：第一，具有原始性，通常指被科学社会所接受的，反映事物本质、客观规律的原始数据；第二，具有价值性，能促进科研产出；第三，具有引证作用，科研用户可以利用这些数据对文献结论起证实作用。

#### 2. 研究数据管理

英国数字管理中心认为，数据管理和共享有多种好处：用户可以在需要使用数据时，找到和理解数据；当研究团队中研究人员发生变化时，能够保持工作的连续性，用户可以不必开展重复工作，如重新采集数据；可以保存某些数据，支持文献结论。通过数据共享推动学术研究，其他科研人员也可以引用数据，使数据拥有者获取更多声誉。

科学数据管理涉及的文献类型主要是期刊论文、会议论文、科技报告及专利文献

等，将它们作为一种重要的科研资源，对其进行信息存储、信息组织、信息管理、信息分析。科学开放共享包括共享研究思路和方法、实验过程、实验指南、同行评论、实验最终结果、实验历史记录、数据分析处理在内的整个科学研究过程，也包括科学数据涉及的相应的方法、模型、计算机程序可视化技术、相关算法以及软件设备的相关参数，这些资源将有助于科研者开展科学研究。

3. 提供有针对性的数据管理服务

因为不同学科之间、不同研究方向的数据差异很大，所以高校图书馆就要注重不同年龄、不同数据管理素养的用户的信息需求。针对不同阶段的数据（成果数据或过程数据），高校图书馆要提供不同的服务支持。高校科学数据来源复杂，科学数据的有效管理需要学校、科研学者和科研管理服务部门等各方力量的协同合作。

4. 借鉴国外科学数据管理成果

科学数据管理已有比较成熟的管理和运行模式。第一，研究机构将在日常研究工作中得到的数据建成结构化的数据集合，供大众共享。例如，促进数据管理平台或中心与政府、科研机构、高校等部门合作，鼓励其研究人员将数据文件上传到数据平台或数据中心加以共享。第二，高校管理层应积极满足科学数据管理和共享的需求。例如，成立于 2010 年的康奈尔大学研究数据管理服务小组发布了《满足基金会的数据政策：研究数据管理服务小组蓝皮书》，总结了数据管理计划中的元素，提出一种虚拟组织结构，构建校内各机构组织之间的合作。2011 年 5 月，爱丁堡大学制定了"研究数据管理政策"作为对科研质量的承诺。第三，科学数据管理平台的合作与联盟机制已经形成。国内高校图书馆应主动与学校信息中心、科研管理部门及科研工作者沟通，发挥专业优势，积极组织建设科学数据管理平台或机构知识库，设立专门的科学数据服务岗位，了解需求，制定服务对策和方法。第四，寻找相关资源，对项目数据进行分析。开发新闻编制项目，挖掘数据，根据数据保存时间，保存挖掘数据并提供数据共享。

根据国外的调查，由于人们熟悉印本资源，知道怎样获取、利用它们，认为它们比电子信息资源更具有权威性，用户对印本信息资源十分重视，所以在国外，印本资源的管理也成为数据管理的一部分。人们对某一机构内的工作报告、管理文件、分析用的样本数据、文章等数据资源的利用也越来越重视，通过提取空间数据、数值数据、统计数据等为科研服务。针对互联网资源的搜集、整理、开发、利用，如肯塔基大学提供网络资源主题目录作为互联网资源指南，进行综合性搜索引擎、不同学科的搜索引擎、检索技巧比较，这也是值得国内学习的地方。

## （二）开展针对用户信息需求的学科服务

用户信息行为是指与信息资源、信息渠道有关的人类行为，包括人类查询行为、信息利用行为、信息发布行为。用户信息行为的影响因素包括个人特征、信息认知、人际关系、工作环境、社会环境。研究型读者就是从事理论和应用研究的读者、用户。研究型大学图书馆不仅要为科研用户的前沿课题提供知识检索和服务，还要使这种服务成果深层次地优化图书馆原有的知识结构。

1. 用户需求特征分析

开展有针对性的学科服务，分析用户需求是非常有必要的。在大数据时代背景下，开展数据服务，研究各对象之间的联系也是高校图书馆服务的新方向之一。数据服务是实现学科服务个性化的体现，服务对象是学科研究人员，管理对象是学科研究数据，数据管理服务理所当然是学科服务的一种。

从科研用户的角度研究，90% 以上的研究人员习惯于自己完成文献信息的搜集与分析整理，检索途径单一；95% 的科研人员习惯于通过关键词途径进行文献信息的检索，很少采用文献分类途径检索专利文献等。据统计，一个科学工作者用于查阅和研究文献的时间一般要占其整个科研时间的 1/3 左右。

在用户特征研究方面，用户特征分析是用户类型研究的前提，也是开展信息需求分析与信息行为研究的基础，一般包括受教育程度、专业背景、从事职业、性别、年龄等。读者的信息行为特征可分为两大因素：第一，读者主体因素，如心理因素、认知能力、职业、工作环境等；第二，信息环境因素，如时间、精力、信息检索策略（修正检索方向、缩小检索范围）。

2. 用户不同科研阶段的需求特点

在项目申报阶段，先要确立研究方向，判断项目立项的意义、价值。科研用户需要查找相关文献，撰写研究报告，列出参考文献，委托查新与立项。在项目实施阶段，科研工作者需要获取实验数据，证明项目的意义，图书馆需要提供的是学科情报服务、定题服务、信息检索服务等。在项目结题时，图书馆需要帮助用户进行项目鉴定等。

高校图书馆要创建学术论坛，将学科馆员团队所有成果发布在学术论坛上，用户也可以上传学科信息供大家参考，共建学术论坛，了解科研用户的关注点，提升科研用户的归属感。

3. 用户需求信息内容分析

信息增长的无限性同人类精力的有限性形成对比，信息分析的目的是减少不确定性因素，尽量控制这些因素的负面影响。信息分析的任务就是运用科学的理论、方法等，在对大量（通常是零散、杂乱无章）的信息进行搜索、加工、整理与信息价值评价的基础上，通过各种错综复杂的关系现象，获取对客观事物运动规律的认识，为科研服务。信息分析基本要素从内容上来说，包括经济、社会、科学技术、交通通信、军事、人物等方面。经济信息分析要素包括国家经济运行情况、企业经济运营情况、金融等市场运行情况以及行业市场分析等。社会信息分析要素包括人力资源市场、卫生医疗事业发展状况、教育与文化等各项事业的发展方向研究等。科学技术信息分析要素包括文献计量分析（如作者分析、主题分析、引用情况分析以及有关科研立项情况分析）、科技产出、科技人才、科技战略等相关信息。交通通信信息分析要素包括航车航班信息、所有固网及互联网络的流量情况等。人物信息分析要素包括历史名人、新闻人物、领导的个人情况。军事信息分析要素包括军事情况的获取、破译、军队兵及装备情况、军事后期补给条件等。

信息分析的研究方法主要是借助数理统计方法和具有其他学科特色的研究方法，为科学决策提供智力支持，通常采用的方法有相关性分析、主成分分析、回归分析、时间序列分析、方差分析。在需求的内容方面，知识结构的变化呈现出根知识、干知识、枝知识、叶知识的特点。

对研究者需要的数据理性分析，对某一研究项目所需的数据进行分析：第一，数据类型分析。对文献数据（相关文献、项目研究成果）、物种数据（图片采集资料）、序列数据（测定数据）等进行分析。第二，数据关系分析。数据关系指的是数据间发生引用、包含、被包含、映射等关系，它是提供数据关联检索、构建知识图谱的基础。在科学数据管理中，揭示数据间的关系是其重要功能之一。

通过引文分析法、共现分析法、多元统计分析法、社会网络分析法、信息可视化分析法等研究学科信息之间的联系。例如，通过引文分析法，可以知道同被引文献耦合、作者耦合、作者关键词耦合等，可以了解某一主题的核心作者、核心机构。

在对科学知识结构分析中，为选择和确定科研项目提供学科战略情报服务，提供国内外学科发展的比较优势及相对影响力对比分析、课题情报类问题研究、揭示学科内部的知识结构类分析服务。用数据库平台进行外部特征信息分析，如某一主题的研究趋势、研究主题的核心机构力量、重要研究者信息分析、核心期刊分析、引文分析、科研评价分析。

**（三）培养学科用户的信息通晓理念**

1.信息通晓

信息通晓包括信息素养、计算机素养、批判性思维，这三种信息素养是相互融合、不可分离的。Jim Retting 进一步将研究过程概括为如下基本要素：认识到信息需求、简洁地阐述获取策略、辨认所得信息、修正检索策略、重新获取信息、评估和选择信息、创建新知识、将成果表达出版。认识到信息需求就是为完成作业、撰写论文寻求信息，学生可以很快认识到自己所需信息。对于简洁地阐述获取策略，学科馆员要适当地帮助学生了解获取信息的方法，帮助他们搜索学术信息。发现、鉴别和获取信息要求学科馆员教会学生检索和识别信息，通过相关数据库或其他信息资源的使用指导学生。评估和选择信息就是学科馆员帮助用户筛选信息，使获得的信息更加权威、可靠。创建新知识就是运用批判性思维筛选信息，使所获得的信息更实用，如知识单元的整合利用。

2. 信息通晓与信息素养

前者比后者所包含的内涵更广，"信息素养（Information Literacy）"这一概念来自 1989 年美国图书馆协会（American Library Association，ALA），它包括能够判断什么时候需要信息，并且懂得怎样获取信息，评价和有效利用所需信息。从语义学角度看，通晓的内容比素养内涵更广，通晓能使用户对学习理念有更深的认识；素养则是要求达到基本的知识和能力要求。从内容的角度看，信息素养的核心是信息能力；信息通晓则是在批判性思维的指导下，信息技术通晓和信息素养的融会贯通。从实践的角度看，信息素养教育一直都是图书馆单方面在努力，并未引起教育界和技术专家的广泛关注和支持；信息通晓有利于联合三种力量，融合到课堂教学中，达到整合教育的目的。

3. 培养学科研究用户的信息通晓理念

高校图书馆将信息通晓与科学研究相结合，从而提高科研的效率与质量。将信息通晓教育融入读者科研过程中，加强与科研用户的联系，通过问卷调查、座谈等方式了解其在科研过程中的信息需求，以及在获取文献、分析文献等方面存在的问题。在科研工作初期，对用户进行信息通晓能力培训，实时了解其信息通晓能力方面的不足，有针对性地进行引导、教育。

**（四）建立大学机构知识库**

1. 倡导开放存取与科学资源共享

开放存取是一种全新的学术信息共享的自由理念与机制，是学术界、出版界、图书情报界为打破商业出版者对学术信息的垄断暴利，促进学术信息的传播共享而开展的一种活动。

开放存取对高校图书馆的专业基础、内部工作方式等提出了新的挑战，提供了广阔的发展空间。这是扩充馆藏的一种有效方式。高校图书馆应充分发挥自己的资源优势、服务优势，开展文献信息的收集、加工、整理、存储、分析工作，建立各类型的学科知识库、机构知识库。通过举办讲座、培训班、在线课堂等多种形式介绍并指导读者使用，指导读者怎样在开放存取环境下在出版物中发布科研成果，成为开放存取资源的使用者、出版者。学术信息资源的公益性是实现开放存取的前提，大多数科研者发表科研成果并不是希望从中获取多大的经济利益，而是希望能最大限度地传播自己的研究成果。80% 的机构认为高校图书馆应承担起机构知识库的管理职责，主动参与其建设工作，利用自己的优势，如长期稳定的服务器、专业的数据维护和管理者，为机构提供数字存储服务。

资源共享可以加速资源的再生产，降低资源产生和利用的成本，均衡资源的分配。共享的高度决定着资源从产生到分配的程度，资源在其产生、传播过程中也无不反映出共享的高度。对于科研者来讲，缺乏必要的科研资源共享意识，各自为营是关键问题所在。高校图书馆的学科服务通过馆际互借、联合参考咨询增加图书馆资源（包括学科馆员、学科文献信息资源）共享高度。图书馆通过建立 IR 机构知识库、OA 存取知识库对科研人员的科研成果进行管理，科研人员也可以通过这样的平台共享学术资源。

2. 高校图书馆建设大学机构知识库

1999 年，机构知识库这一概念在国外悄然兴起。2005 年至 2006 年，国际上掀起了构建机构知识库的热潮。知识库的存储运行主体是机构，在这一点上区别于基于学科或专题的知识库。总之，机构知识库是由某一个机构建立，收集、整理、保存、提供用户所需信息，以本机构学者用户所创建的各种学术产品为内容的知识库。从资源角度来看，它是学术机构为收集、保存本机构的智力成果而建立的数字资源仓库。

机构知识库是科研教育机构保存知识资产、展示知识能力、推动知识成果广泛传播和应用的重要机制，也是学科服务研究支撑重点领域。大学图书馆作为支撑学校科研的重要基础设施，理应为机构知识库的建设起到保障作用，主动承担起机构知识库的建设责任，支撑科学研究。

下面以北京大学、清华大学机构知识库为例进行说明。

（1）北京大学机构知识库

北京大学机构知识库作为支撑北京大学学术研究的基础设施，收集并保存北京大学教师和科研人员的学术与智力成果，为北京大学教师、科研人员和学生的学术研究提供系列服务，包括存档、管理、发布、检索和开放共享。

在栏目"学科服务、科研评估"中，提供可定制化的学校和院系层面科研评估和竞争力分析服务，通过对国内外知名数据库中的文献信息进行收集统计和计量分析，整理出客观、准确的量化评估报告。科研评估分析报告不仅可以为学校和院系的科研管理部门提供及时、准确、可靠的数据支持和参考资料，也可以为教师和科研人员提供学科发展态势信息，为课题选择和基金申请提供助力，如《北京大学科研实力分析报告》。

（2）清华大学机构知识库

它是按类型、年份、作者组织知识的，1981年建库，展现课题咨询项目，内容涉及最新信息，机构列表中含有各个学院的成果，可直接下载，有最新链接。在查找的资源中，有摘要、附件、导出、相关文章等资源。

学者的声誉地位是由学者自己对知识的贡献程度决定的。在社交网络和开放存取环境下，学者往往愿意将自己最有价值的知识公之于众，学术机构知识库的及时性和交互性可以实现论文传播过程中作者的全过程参与。学术机构知识库确实是一种有价值的资源，大部分学者认为其会转变信息获取和科研工作的方式。许多因素是很难预料的，最困难的是让研究者理解机构知识库的价值，并说服他们把其研究结果存储在机构知识库。知识产权问题、学术认可问题、质量低下问题、内容提交的耗时问题、多数学术机构或者研究资助机构尚未正式要求作者对其研究成果进行自我存储都是阻碍机构知识库建立的因素。目前，很多国家都有一个很明显的发展趋势，即要对研究成果进行统计和评价，保存、备份智力成果。

经笔者调查，大多数读者愿意使用机构知识库，在机构知识库存储自己的作品。高校图书馆在建立机构知识库方面起到关键支撑作用。高校图书馆要贡献自己的力量，促进机构知识库的建设。

# 第五节　高校图书馆的个性化服务

## 一、个性化信息服务理论概述

### （一）个性化信息服务的内涵与基本特征

1.个性化信息服务的内涵

当前，很多行业，如市场营销、电子商务、政府服务、教育服务，都贴上了个性化服务的标签。个性化服务是什么？从不同的角度看，有不同的解读。总体来说，个性化服务是指通过各种渠道对资源进行收集、分类、整理，根据用户的设定，向其提供相关需求信息，用户的个人需求被满足，是一种有针对性的服务方式。个性化服务能够充分利用资源优势，打破传统的被动服务模式，开展以满足用户个性化需求为目的的主动服务。

定制化服务是与个性化服务类似的另外一种服务。定制化服务是指按用户的要求，为其提供适合其需求的，同时是用户满意的服务，通常实现形式为预先准备很多服务项目，用户可以自由选择部分或者全部服务。关于个性化服务与定制化服务的区别，国内外有各种不同的区分标准。从供需双方来区分，有用户驱动的个性化与系统驱动的个性化，或者主动定制化与被动定制化。总之，供方驱动的个性化服务未必是用户所需。从承诺服务的可控水平来区分，定制化服务在直接用户控制下，而个性化服务基于用户需求模式，由系统进行驱动。

尽管不同的学科背景对个性化服务的理解有所差异，但本质都是为用户提供更准确的服务。个性化信息服务是依赖信息技术准确为用户提供其所需信息的过程。从个性化信息服务的过程给出的定义：个性化信息服务是收集、储存并分析用户信息，基于用户信息分析结果，为用户在正确时间传递正确信息的过程。该定义揭示了个性化信息服务的过程特点：筛选用户前期根据兴趣收集的相关信息，基于用户的当前状况与需求，在用户设定的时间进行信息推送。

随着网络技术的发展，个性化信息服务有各种不同的服务内容与形式。同时，个性化服务不是一蹴而就的，而是一个持续的过程。就具体过程而言，其主要包括以下内容。

用户信息收集：用户信息收集是多方面的，通过用户简介判断用户类别与兴趣领域，根据个人网页浏览记录以及用户提出的明确信息需求，如按目录搜索记录、关键词搜索记录等，判断用户的专业特征、兴趣领域与信息需求。

信息检索：信息检索包括信息分类、信息匹配、信息推送等内容。当前，个性化信息检索技术飞速发展，信息检索更加智能、精确，同时检索次数、手动优化等不断减少。

信息推送：信息推送是互联网技术通过按照约定时间传送用户需要的信息以减少用于网络上搜索的时间。它根据用户的兴趣来搜索信息并对其进行过滤，高效率地发掘有价值的信息，定期将信息推送给用户。

2. 个性化信息服务的基本特征

（1）针对性

以满足用户信息需求作为个性化信息服务核心，充分考虑用户表达的个性化需求，通过研究用户的专业、兴趣和习惯来推定用户所需信息内容，动态定制用户界面、信息资源、信息服务方式，更有针对性的信息服务是专为用户"量身定制"的。

（2）主动性

与传统的被动服务模式不同，主动服务模式强调"信息找人"。通过现代信息技术，对不同用户的个性化信息需求主动感知，并及时推送用户所需要的信息。

（3）持续性

个性化信息服务是一种持续动态的服务。当前，信息的爆炸式增长与用户信息需求领域和兴趣的变化决定了个性化信息服务是一个持续动态的过程。根据外界信息的变化为用户提供及时的信息服务，同时按照个人兴趣的变化动态调整信息推送的内容，从而保证个性化信息服务"量身定做，动态跟踪"的特点。

**（二）高校图书馆个性化信息服务的内涵与基本特征**

1. 高校图书馆个性化信息服务的内涵

图书馆是现代科学技术信息荟萃的殿堂，也是文化传承的重要场所，在高等教育中发挥着巨大作用。图书馆是学校的科学研究、人才培养的重要支撑，是广大师生学习、教学、科研的坚强后盾。

学生和教师是高校图书馆服务对象的主体。承担教学和科研双重任务的高校教师需要有系统、专深的信息为其承担的科研项目做理论支持，图书馆可以为其提供最新的学科动态信息。对于学生来说，图书馆可以为其提供大量的参考资料来弥补课堂学习的不足，学生扩大了知识面，为将来的工作储备知识。

高校图书馆在网络环境下的个性化信息服务指的是用户为满足学习、科研的特定需求，借助网络环境下系统提供的工具构建个人馆藏。同时，系统可以根据用户的兴趣、专业或学科领域，对其基本信息进行分析，主动、定期地为其推送信息。

2. 高校图书馆个性化信息服务的基本特征

（1）服务目的更明确，针对性强

高校图书馆面对的服务对象是在校的广大教师和学生，这一特定的服务对象使其服务的针对性非常明确。服务对象因其身份、层次的不同可以分为很多种。比如，因其任务不同，教师可分为专职、科研和身兼教学与科研双重身份的教师，还有教辅人员。身份和层次的不同造成了需求的不同，随之对应的服务也会有所区别。所以，图书馆服务人员在为用户服务时要明确服务对象，有针对性地为其服务。

（2）服务更具有专业性

高校教师的专业不同，学科背景不同，利用图书馆的目的不同，图书馆服务人员在为其服务的时候需要具备针对其专业或相近专业的知识。专业性在高校图书馆为用户提供个性化信息服务中体现得更明显。

（3）服务方式多种多样

传统的图书馆提供给用户的基本上是以纸质信息为主，而网络环境下提供给用户的资源形式是多种多样的，除了纸质资源，还有 E-mail、电子版的文档，或者服务人员和用户利用 QQ、MSN 等方式进行实时交互。这些多种多样的服务方式为用户获取信息提供了便利。

## 二、基于网络的高校图书馆个性化信息服务存在的问题

### （一）管理机制问题

在网络环境下，管理机制问题对高校图书馆个性化信息服务的影响有以下几点：

（1）我国图书馆系统的管理体制存在结构性缺陷，宏观调控不健全，资源共享虽有所发展，但信息服务合作以省、直辖市为单位，区域性强，如安徽省高校资源共享服务平台。大范围的合作与应用除了馆际互借和文献传递之外，在参考咨询方面信息服务的合作非常欠缺。

（2）图书馆现行的运行机制活力不够，提供个性化信息服务的难度很大。高校图书馆重视社会效益，忽略经济效益，无偿服务使自我发展动力缺乏。图书馆在对网络环境下的信息服务进行定位时，忽视了用户的需求分析，出现了开展个性化的用户需求服务比较困难的局面。

（3）在网络环境下，图书馆对信息服务质量的评价标准不统一，信息服务管理对策较差，工作人员主动服务的动力缺乏，个性化信息服务很难更好、更有效地开展。

### （二）信息资源建设问题

个性化信息服务的前提是信息资源建设。个性化信息服务要求图书馆拥有充足的信息资源。充足的信息资源不仅包括以纸质资源为载体的信息资源，还包括电子资源和网络资源。

1. 资源结构不合理

相较于传统的以纸质文献为主要馆藏资源，在网络环境下，图书馆的馆藏资源由纸质资源、电子资源和网络资源三个部分组成。目前，各个高校图书馆大量购买数据

库，或者建立了一些特色数据库，虽然丰富了图书馆的馆藏，但是纸质文献还是占据着主导地位。经调查，教师、科研人员和学生对电子资源的需求比例非常大。为了满足师生的需求，图书馆需要加强电子资源和网络资源的建设，对资源配置的比重进行重新调整和合理分配。

2. 资源组织不够优化

网络信息资源十分丰富，其缺点主要是比较分散且良莠不齐，需要用户筛选、加工和组织信息，之后才能利用。传统的服务模式是为用户提供统一的服务，对特定对象不能提供特定的服务，信息资源描述程度的差异性很大，仅用关键词或关键词间的组配公式很难使用户清楚地表达其信息需求。图书馆提供的信息资源服务不能从用户的角度去思考，比较零散。信息资源系统吸收了大量使用价值不高的信息，这些信息会干扰用户获取信息。

3. 内容服务深度不够

随着现代技术的快速发展，用户的信息需求也在不断变化，呈现出新的特点。图书馆需要根据用户的新需求，对信息进行收集、整理、加工，对信息资源进行开发利用，以满足用户全面、新颖的要求。

目前，高校图书馆基本上进入网络化阶段，但信息服务的相关内容差异性小，新闻公告、馆情介绍、书刊检索仍是其主要服务功能。"我的图书馆"是高校图书馆网站推出的一种个性化信息服务。在注册、完善个人资料时，用户可以填写自己的兴趣、专业等基本情况，但图书馆很少能做到对信息进行"二次加工"，给用户仅仅是把系统提供的相关领域的文献或书籍发送给用户。

4. 资源共享程度不高

因专业的交叉性和相似性，高校间可以通过共享的方式进行资源建设。但是，各高校图书馆重复建设、重复配置信息资源的现象非常严重，用户提供的资源仅局限于本馆馆藏的纸质文献、电子资源或网络资源，个性化信息服务无法较好体现。图书馆之间加强合作、共享资源是避免这种局面产生的有效方法。馆际互借和文献传递是目前图书馆间资源共享的基本方式，但仅仅表现为书籍借阅和文献传递这些传统业务，没有实现真正意义上的资源共享，用户的个性化信息需求也没有得到真正的满足。

**（三）服务问题**

1. 信息服务观念问题

（1）重视资源，轻视服务

图书馆的传统服务观念是"重资源，轻服务"。高校图书馆在数字图书馆建设方面仍然受这一观点的影响，从所调查的各高校图书馆网站的主页就可以明确看出。馆藏文献资源和各类数字资源突出地展示在图书馆的主页上，其他信息服务或位置不明显，或设置在二、三级目录里。图书馆提出了"以人为本，服务至上"的服务理念，意识到了信息服务的重要性，开设了科技查新、咨询服务、代查代检等服务。但是受传统服务观念和重视服务的时间不长的影响，服务的深度不够和质量不高等问题非常明显。

（2）个性化特征不突出

目前，图书馆开展的网络环境下的个性化信息服务仅仅表现为简单的信息推送，属于较低层次的信息服务，为用户提供的信息服务是共性的，面对的不是个人，而是群体，并且这些服务在同一层面，标准性强，用户不仅需要对信息进行选择，需要鉴别正确与错误、有用与无用。图书馆工作人员不仅需要树立个性化信息服务理念，还需要了解用户信息需求，只有这样，才能为用户提供有针对性的服务。

2. 信息服务人员问题

在网络环境下，越来越多的个性化信息服务被用户需要，对传统的文献借阅服务的依赖越来越少。用户希望工作人员可以为他们提供具有高知识含量、解决较深层次的问题的服务。为满足用户的服务需求，工作人员要学识广博，熟悉各学科知识，同时需要有熟练的信息技能、检索网络信息的方法和技巧，只有掌握了这些，才能熟练地分析、整合信息。

个性化信息服务的人员需要熟悉本馆的基本情况，具有较强的协调能力。目前，各高校个性化信息服务人员一般由具有高级职称的工作人员担任，但其技术水平不高，知识面也比较单一，科研活动涉及的技术、信息分析的能力和学科知识都很匮乏。这些缺点导致了信息服务人员很难收集到高质量的信息资源。维护、更新个性化信息服务系统需要大量的服务人员，人员少，工作量大，直接导致信息的深层次服务很难进行。

3. 信息服务反馈问题

用户对信息服务进行反馈是图书馆进一步开展个性化信息服务的依据之一，也可以作为图书馆工作质量评价的一个标准。目前，高校图书馆对信息服务的反馈比较重视。用户可以通过专门的意见信箱进行反馈，也可以通过电子邮件的方式进行反馈，方法多样、灵活。但是，用户反馈的信息有时候涵盖的内容不全面，或者图书馆对得到的反馈信息处理不及时，有关问题得不到及时解决，往往容易失去用户的信任，不利于个性化信息服务的发展。

## （四）用户问题

用户的多元化、个性化是从用户所表现出的信息需求中体现的，这两者又是由用户的个性化信息行为和信息能力决定的。用户的信息行为是由用户的偏好和信息需求决定的，具体包括信息选择行为、信息查询行为和信息使用行为。不同用户的信息能力的差异性较大，在面对大量信息时，信息能力弱的用户不能有效快速地找到所需信息。如果图书馆对用户的信息需求缺乏引导，用户就不能对文献资源和数据库进行有效利用。因此，对用户的信息需求进行引导是非常必要的。

高校教师和学生对个性化信息服务的要求很高，这是由他们高学历、高学术水平的特点决定的。但是，用户因使用习惯、信息获取能力等因素的限制，对信息往往不能正确获取。在对高校图书馆网站的调查中可以看出，大部分图书馆都开设了用户培训模块，尤其是对新用户的培训，帮助他们提高获取信息的技巧。目前，大多数的培训都是针对新用户进行的馆情介绍、使用流程介绍等，部分学校把信息检索作为选修课进行教学。提高用户获取信息的能力，培养个性化信息服务意识迫在眉睫。因此，开展个性化信息服务就要加强对用户的培训。

## （五）系统建设问题

目前，大部分高校图书馆都有自己的系统和网站，也建立了个性化信息服务系统——"我的图书馆"，从基本信息服务的开展可以看出这些服务普遍存在的问题是服务层次不高且功能有限。"我的图书馆"中的服务基本上集中在借阅查询、预约、图书荐购、新书通报等简单的服务功能，服务层次（如信息定制、信息推送等）深度不够。目前，图书馆的信息推送服务是根据用户注册时填写的专业、学科方向、兴趣爱好等相关的信息通过短信或者邮件的方式提供给用户。这种简单的信息推送不能保证所提供的信息质量，也无法提升用户的满意度，限制了个性化信息服务的开展。

通过对国内外图书馆的个性化信息服务系统的比较，可以很容易地发现，国内的个性化信息系统是在国外比较成熟稳定的基础上建立起来的，其界面、功能等非常相似，没有根据本馆特色和用户的实际需求进行开发，缺乏特色，实用性不强。同时，高校图书馆的个性化信息服务系统是独立存在的，与馆内的电子资源系统缺少联系，对馆藏文献的检索和电子资源的检索是分开的，这是个性化信息需求无法满足的又一突出表现。文献传递与馆际互借是各图书馆普遍存在的一项个性化信息服务，但因各馆使用的系统不同，各馆之间的联系也不够紧密，使个性化信息服务多局限于本图书馆内。

综上所述，高校图书馆个性化信息服务存在许多问题，图书馆工作人员需要好好对这些问题进行分析，找出解决这些问题的有效方法，促进个性化信息服务积极有效开展。

## 三、基于网络的高校图书馆个性化信息服务的发展对策

### （一）完善个性化信息服务管理机制

由于我国的图书馆缺乏宏观调控机制，为了实现信息资源共知、共享，我国已经建立了中国高等教育文献保障系统（CALIS）。加强CALIS与各成员馆之间的合作，提高高等教育的服务水平，取得最大的社会效益和经济效益。

仅仅从加强服务意识和管理手段入手无法满足图书馆提高服务质量的要求，部门间的合作与结构的调整、评价体系的统一都是不可缺少的。掌握用户的信息需求，跟踪、评价服务质量，重视用户满意度的反馈，采用激励机制激发服务人员的主动性，为用户提供全面的、高质量的个性化信息服务。

要发展图书馆个性化信息服务，完善图书馆个性化信息服务机制在图书馆发展中的作用非常重要。

### （二）强化信息资源建设

1. 加强信息资源内容建设

（1）建立专业导航数据库和特色数据库

为了应对高速膨胀、无序的网络信息资源，图书馆应该根据广大师生的特点，对网络信息资源按专业进行收集、整理、分类，突出学科导航的专业性，建立专业导航链接。对于信息资源的建设，高校图书馆在对国内外数据库进行认真调查的基础上，根据学校的专业设置、科研工作的重点以及用户信息需求，结合本馆的馆藏资源，针对某一学科、专业或地方特色，建立特色数据库。

（2）建立全文数字化资源馆藏

中国知网、万方数据库、维普数据库等是我们经常使用的，对这些数据资源的充分利用使广大师生的学习和科研有了很好的依据。目前，各高校图书馆在对这些数据库的使用中基本上都提供论文的阅读和全文下载功能，但这些数据库对用户的阅读和下载是有限制的，不利于个性化服务的开展。

2. 加强信息资源的组织和整合

资源整合和服务整合是信息资源整合的主要内容。资源整合指的是将现有的信息资源分类整理后形成集成信息系统。服务整合要构建个人信息库，这个信息库既包括用户的基本信息，也包括用户对服务的反馈信息。

和传统的信息服务相比，在信息资源组织方面，个性化信息服务的新要求如下：在内容上，要有针对性，清晰易理解，具有开放性；在导航系统上，分类要细致合理，用户界面要友好，评估能力和信息导航能力要强，能够实现信息资源内容的跨平台无缝连接。图书馆需要对处于离散状态的资源进行整理分类，根据用户需求，建立界面友好、功能强大、全面的专业导航数据库。下载使用频率较高的信息资源，对其进行分类保存，以方便用户使用。

3.加强信息资源的共建和共享

在校内，各院系根据自己的情况都会建立自己的图书馆资料室，这与图书馆的资源建设交叉重复，造成利用率低下，同时是对物力、人力资源的浪费。因此，加强资料室与图书馆的合作，共建、共享校内信息资源是信息共建、共享的一个主要措施。

用户的信息需求不断变化，仅仅靠单纯的一个图书馆的信息资源已经不能满足了，需要高校图书馆之间加强共建、共享。各图书馆之间联合开发，扩充数据库容量。由于各校的专业侧重不同，馆藏文献的侧重不同，各馆可以发挥各自的文献资源优势，这样既避免了资源的重复建设，也丰富了用户的信息资源的获取方式。

**（三）改变服务观念，提高服务人员素质**

"以人为本，用户至上"，人文关怀服务理念的树立对图书馆的个性化信息服务积极有效开展非常有利。"以人为本，服务至上"是指将用户的需求放在首位，以完成此目标为工作的根本目的，一切为了用户、方便用户，为用户提供最大化和最优化的服务。这种服务是"一对一""点对点"的服务，以知识单元提供的文献资源为主，要求信息准确性较高。

丰富的知识和良好的道德修养是个性化服务要求服务人员具备的基本素养。要想满足用户的服务需求，服务人员要具有较强的信息分析能力和语言能力，为用户解答各种问题；要拓宽知识面，加强学习，尤其是图书情报方面的相关知识；熟练掌握各种信息技能，能够对信息进行分析、整合、综述，可以掌握各种信息的来源和检索方法。服务人员只有具备了这些，才能提高服务质量，为用户提供良好的个性化信息服务。

"学科馆员"是在图书馆服务人员技术水平不高、知识面比较单一、信息分析能力弱等问题下而产生的一种专门的个性化信息服务人才。"学科馆员"指的是图书馆设专人与某一个院系或学科专业作为对口单位建立联系，在院系、学科专业与图书馆之间架起一座桥梁，相互沟通，为用户主动地、有针对性地提供文献信息服务。这种服务人员需要具有一定的外语水平，熟悉图书馆业务，具有熟练的计算机操作能力，学历和职称较高，文化底蕴深厚，语言能力较强，能够有针对性地为教学、科研提供帮助。培养个性化信息服务人才的任务比较艰巨，需要的时间也很长。为应对人才的缺乏和服务的不足，可以聘请本校一些造诣较深的专家暂时承担个性化信息服务工作，实行外聘兼职"学科馆员"制度，这样可以为培养个性化信息服务人才争取时间。

### （四）加强用户需求研究

用户是个性化信息服务的主体，用户的知识背景、信息行为、获取手段和使用习惯等影响着用户对个性化信息服务的关注度和利用情况。因此，个性化信息服务的开展需要关注用户的需求，获取用户的基本信息，建立用户的个人信息库，掌握用户的信息需求和偏好。也可以根据用户的学科领域、研究兴趣等，选择用户需要的信息资源，创建个性化信息服务环境，根据馆藏资源的更新和用户的需求变化，把信息主动推送给用户。

（1）定期、不定期地开展知识讲座，及时将图书馆的新知识、新技术和新资源推送给用户，吸引更多的用户关注和利用图书馆。帮助新用户掌握信息获取的手段和方式、基本的检索工具和技巧；帮助老用户进行深层次的再教育，提高用户的信息获取能力。同时，可以把用于知识讲座的文件存放于图书馆的网站上，方便用户学习和查阅。

（2）重视对用户的服务反馈引导。改进图书馆个性化信息服务需要特别重视用户的信息反馈。反馈的内容包括提供的信息是否正确、全面、及时，服务的方式和内容，对系统的操作性能是否熟悉，等等。图书馆服务人员应该从用户的反馈信息中找出服务存在的问题，以便对个性化信息服务进行调整。

### （五）加强个性化信息服务系统建设

图书馆要建设个性化信息服务系统，应该具有丰富的系统资源、系统功能，可以提供全面的服务；所设计的系统界面应简洁、直观、层次鲜明，用户能够进行个性化定制；应能够与其他资源系统实现自动化集成，不仅节约了用户的时间，也减轻了用户的使用负担；能够保护用户隐私。

完善个性化信息服务的措施有以下几点：建立专业导航系统，构建有效的信息空间，系统地组织相关信息资源，为用户提供良好的检索界面；系统能为用户提供选择服务，用户也可以对信息进行选择和管理。用户隐私保护也是高校图书馆开展个性化信息服务时必须注意的一项工作。

此外，要加强立法保障，同时要对用户进行隐私保护教育，提高用户的个人隐私保护意识。在技术上，图书馆虽然已经有相应的措施来保证用户的信息安全和数据安全，但是仍需要采取隐私保护工具对用户的信息和数据进行安全管理。

综上所述，在网络环境下，高校图书馆在对个性化信息服务进行建设的过程中会遇到许多问题。高校图书馆需要完善其个性化服务的管理机制，加强信息资源建设，加强个性化信息服务系统建设，加强对用户需求的研究。图书馆服务人员在改变服务观念的同时，要注重自身素质的提高，提高服务质量，使图书馆个性化信息服务不断向前发展。

# 第五章　智慧时代高校图书馆特色数字资源建设

## 第一节　图书馆特色数字资源概述

### 一、特色数据库概念

目前，各图书馆、信息服务机构对"特色数据库"叫法不一，图书馆网站上已有的"特色资源""特色收藏""特色馆藏""自建特色资源""专题特色库"等基本上都是指"特色数据库"。图书馆作为社会信息系统的重要组成部分，担负建设、开发、利用文献信息资源的责任，特色数据库建设是高校图书馆数字资源建设的重要任务。对于图书馆来说，特色数据库是指图书馆依托本馆的特色馆藏和丰富的网络资源，针对用户的信息需求，对某一学科或某一专题有利用价值的信息进行深层次揭示、系统化地组织和加工处理、存储，并按照一定标准和规范将其数字化，以满足用户个性化需求的信息资源库。可见，在高校图书馆，特色数据库是在充分开发和利用馆藏文献信息资源和网络信息资源的基础上建立的。特色数据库具有体现本馆馆藏信息资源特色，充分展示学校重点学科建设特色，为用户提供个性化信息服务，按照一定标准和规范建设而成并可供共享等特征。

### 二、特色数据库类型

当前，图书馆特色数据库类型多样，按不同标准可划分为不同类型：按建库方式不同可分为引进数据库、本馆自建数据库和协作共建数据库；按数据库存储描述方式的不同可分为全文型、事实型、数值型等源数据库及目录、文摘、题录等书目线索型参考数据库，又称二次文献信息数据库；按数据库的内容特色不同可分为学科特色数据库、地方特色数据库、民族特色数据库以及其他专题数据库。目前，我国高校图书馆所建特色数据库主要有以下几种类型：馆藏特色数据库、学科特色数据库、地域特色数据库、学校特色数据库及其他专题数据库。

### （一）馆藏特色数据库

数据库建设是以丰富的图书馆馆藏文献信息资源为基础的。馆藏特色数据库是指利用其他图书馆不具备的或只有少数图书馆具备的特色馆藏，或散在各处、难以被利用的资源建立的数据库，主要涉及馆藏古籍、专业图书及中西文期刊等。各高校经过长期的学科建设，在自己的学科领域已显示出独特的优势，同时收录了大量相关文献。构建馆藏特色数据库成为高校图书馆建设特色数据库的首选。例如，北京大学图书馆收藏古籍约 150 万册，各种特藏（如地方志、家谱、金石拓片等）在国内收藏居于前列，主页上的"热点话题"特色服务是以馆藏报纸为基础，从中提炼出时下国内外最引人注目的话题，并将挑选出的相关文章提供给读者，从而方便读者抓住热点，掌握社会动态，并更加充分地利用馆藏。

### （二）学科特色数据库

学科特色数据库是指高校图书馆根据自身的服务任务及资源优势，结合本校科研教学特点，围绕明确的学科范围建立的一种具有自身学科内容特色的数据库或具有交叉学科和前沿学科特色的数据库，包括各种学科导航库和教学参考系统。高校的特色学科发展是学校发展的命脉，也是学校的办学特色和学科优势的体现。因此，建设学科特色数据库成为众多高校图书馆资源建设的重要内容，如吉林大学图书馆的"汽车工程信息数据库"、湖南大学图书馆的"金融文献数据库"等。学科特色数据库的建设体现了学校的学科发展水平，代表了学校的优势，可以让学科特别是重点学科领域的师生快速地了解本学科领域前沿研究动向、发展趋势和国际动态，节省其搜索网站的时间和网络通信费用。

### （三）地域特色数据库

地域特色数据库是指反映特定地域和历史传统文化，或与地方政治、经济和文化发展密切相关的独特资源的数据库。地方特色资源反映了各地方的文化、旅游资源、民间习俗、宗教信仰等特色，可以为地方经济、科技、文化等领域的发展提供准确、快捷的地方文献信息资源。因此，地域特色数据库也成为高校图书馆特色数据库建设的主要方面，如东北师范大学图书馆的"东北民俗数据库"、湖南大学图书馆的"书院文化数据库"、武汉大学图书馆的"长江资源数据库"等。

### （四）学校特色数据库

学校特色数据库是各校特有的资源，种类较多，包括本校师生撰写的学术著作、论文，硕博学位论文，学校出版社出版的学术性文献，专家教授、国内外社会名流的演讲稿，学校校志、年鉴等，是学校科研与发展情况的重要体现，一般具有较高的学术价值。建设学校特色资源数据库对学校的教学、科研具有重要的作用，很多高校图书馆都很重视学校特色资源数据库的建设。例如，西安交通大学图书馆的"西安交通大学文库"、吉林大学图书馆的"图书馆红学研究参考书目数据库"、北京大学图书馆的"北大讲座视频点播资源库"、中山大学图书馆的"孙中山数字图书馆"都是基于学校特色资源建设的数据库。

### （五）其他专题数据库

其他专题数据库是根据读者的特定需求建立的特定主题的数据库，或为保护和抢救珍贵历史资料而建立的数据库，如西安交通大学图书馆的"钱学森特色数据库"，收集了钱学森的生平介绍、著作、学术思想研究、录音录像及图片等一系列文献，还结合了他的专长——自动化控制，进行学科导航。

## 三、高校图书馆特色数据库建设意义

高校图书馆的特色数据库是在充分开发和利用馆藏文献信息资源和网络信息资源的基础上建立的，是一个具有科学性、实用性、方便性的大型知识库，是高校师生获取信息与知识的主要来源，也是学校开展教学和科研工作的必要保障条件。因此，高校图书馆特色数据库的建设具有十分重要的意义。

### （一）开发和优化馆藏信息资源

建设特色数据库是高校图书馆馆藏建设的一项重要内容。特色数据库建设可以使分散零乱的文献资源得到系统化、有序化整理和深层次加工，将传统文献资源转变为数字化资源，并通过网络进行传播使用，使传统文献在网络环境下重新体现其知识价值。

### （二）拓宽服务空间，提高服务水平

高校图书馆建设的特色数据库不但为本校师生提供服务，而且已经突破服务空间的限制，开始转向为社会大众提供服务，为社会提供高层次、高效率的信息服务，以提升本校特色数据库的使用价值和经济价值。高校图书馆通过建设特色数据库，形成了新的信息服务模式和信息服务功能点，吸引更多的读者利用图书馆的信息资源，从而拓展了图书馆的服务范围。同时，通过建设特色数据库，锻炼了图书馆工作人员的信息收集、加工、处理的能力，进一步理解用户的信息需求，有利于提高服务水平。

特色数据库对专业数据进行深加工，为读者提供了专业情报检索技术，增加了

检索点，提高了检索效率，提高了查全和查准率，使传统意义上的服务更加深化、全面。

### （三）实现各高校图书馆之间信息资源共享

特色数据库的建设是实现各高校图书馆之间信息资源共享的基础。特色文献资源是高校图书馆赖以生存和发展的基础。馆藏信息资源数字化、信息传递网络化、信息实体虚拟化、信息利用共享化已经成为各高校图书馆之间实现资源共享、数据交换的主要内容。建设特色数据库既是构成文献信息保障体系的组成部分，又是构成资源共享网络的基础。高校图书馆应当走馆藏文献资源特色化的发展道路，通过建立和完善具有自身学科专业特色的数据库来参与共建共享体系。

## 四、高校图书馆特色数据库建设指导原则

特色数据库的建设已经成为评价一所高校图书馆信息资源建设的重要标志。各高校图书馆应从本馆、本校的实际需要出发，建设具有地方高等教育特色或资源特色的信息资源数据库，尤其是重点建设教学和科研需要的、具有学科专业特色的、能够取得显著使用效益的数据库。特色数据库的建设要坚持"四性"原则。

一要坚持标准规范性原则。标准化与规范化建设是高校图书馆特色数据库质量建设的根本保证，是实现信息资源共建共享的重要前提。特色数据库的规范性反映在从资源建立到平台建设的各个环节中，数据的采集、著录、标引、加工、录入等每个环节都要以规范性为前提。只有建立和遵循关于数字化加工、资源描述、资源组织、资源互操作和资源服务等方面的标准和规范，才能保证数据库的可使用性、可操作性和可持续性。

二要坚持特色性原则。资源内容具有特色是特色数据库建设的根本所在，不同特色数据库主要区别在内容上，必须从多维度、多渠道收集各类有价值的特色信息资源，对特色数据库的内容进行丰富和完善。特色数据库在内容上应具有鲜明的资源特色，如地域特色、专题特色、学科特色。高校图书馆在进行特色数据库建设时，应充分发挥自身的专业优势、资源优势和技术优势，重点开发利用那些能体现馆藏特色、学科专业特色、地方特色的资源。不能求大求全，要突出本校、本馆的专业特色，要考虑数据库是否在本行业具有特色和权威性。此外，服务方式也要有特色。各高校图书馆应树立特色服务的理念，充分利用自身的资源优势，提供特色服务。

三要坚持实用性原则。特色数据库的建设应以更好地发挥本馆的各种馆藏资源的作用，使之最大限度地为读者所用为基本目标。因此，建库时应遵循"用户至上"的

原则，充分调查研究用户的信息需求，全面分析数据库的实用价值以及社会效益和经济效益，保证所建数据库能面向读者、面向社会需要，能进行深层次开发，实现增值效应。评价一个特色数据库的价值和存在的意义在于它是否能用、有用、实用和好用。建库时要考虑与专业人员合作，以实用性为原则，使建成的特色数据库操作简便，检索高效，服务周到。

四要坚持共享性原则。共享是特色数据库建设充分发挥功能和价值的灵魂。共享可以节约特色数据库开发、维护、使用成本，可以让更多的用户参与到特色数据库的建设中，如通过用户反馈信息，改进特色数据库建设，提高特色数据库质量。因此，在特色数据库的建设过程中，必须尽快打破各自为政的局面，实行分工合作、联合建库，通过相互协作提高开发和利用特色资源的综合能力，从而实现特色资源的合理配置和有效利用。

# 第二节　高校图书馆特色数字资源建设现状及内容

## 一、高校图书馆特色数字资源建设现状

### （一）特色数据库评价体系构建

高校特色数据库的建设要有一定的评估标准，并组织人员定期进行考核检验，以确保特色数据库的建设质量。图书馆应在特色数据库的数据资源、著录标引、数据库系统、服务平台、推广应用等方面制定合理的评价指标，主要检验数据库专题收录是否具有专指度，有无鲜明特色；资源搜集是否全面，数据是否可靠，资源标引是否规范，数字对象链接情况；检索功能如何，检索结果是否正确；用户界面是否友好，栏目设置是否合理，后期应用推广维护是否到位；等等。

建立科学的特色数据库评价体系有利于指导数据库系统的建设，规范资源的选择和标引。统一建设中的技术标准，增强互操作性，保障特色数据库建设的质量，为资源共建共享打下基础。本书在综合已有研究成果的基础上，借鉴相关的评估标准，确定了特色数据库评估的一级指标，将其数据资源、资源组织、资源导航、检索系统及功能和使用情况作为一级指标，通过对五个一级指标进行阐释获得二级指标 24 项，对每项二级指标做了具体解释和补充说明，分解为更具体的三级指标 39 项。

1.特色数据库中的数字资源评价指标分析

要成为一个具有实用性的文献信息系统，特色数据库必须具有一定数量的数据资源。考察特色数据库数据资源的建设情况可以从以下几个方面进行：

（1）专题收录的专指度

通过浏览特色数据库，判断所收录的资源与专题相关性程度，是否含有与此专题无关或相关性不大的资源。

（2）收录覆盖面

数据资源的收集要全面。数据是数据库的核心，因此数据的收集是数据库建设中十分重要的环节。要确保收集信息的完整性和权威性。根据浏览或检索条件等，判断资源收录的年限是否包括专题所应追溯的年限，资源收录的文献种类是否包括历史资料、报纸、杂志、图书、会议论文、学位论文、科技报告、网络专业网站等，资源类型是否包括文本、图片、音频、视频等。

（3）收录内容的权威性

该指标考察的是数据来源的权威性，数据是否来源于正规、权威途径，是否经过专家审核。在实际的评估过程中，还要考虑这些资源的学术价值，可以邀请学科专家鉴别，也可以通过该资源点击率来衡量其价值。

（4）特色性

目前，中国高等教育文献保障系统（CALIS）将图书馆特色资源分为三类：一是馆藏特色资源；二是地方特色资源；三是学科特色资源。我国高校图书馆的特色数据库主要有以学校教学和科研成果为特色的数据库、与区域特色和人文环境相关的数据库、与学校重点学科有关的数据库、与图书馆深化服务相关的数据库，因此应把数据库的内容是否具有特色性、是否真正体现某一方面的特色作为评估的一个指标。

（5）标准化

标准化反映在特色数据库建设的各个环节中，包括对文献的著录和标引。特色数据库数据资源的著录、标引应遵循我国数字图书馆标准规范研究项目所推荐的相关标准、元数据标引格式规范、文献著录的有关国际标准和国家标准。该指标就是考察特色数据库对这些标准的执行情况。

（6）数据总量

这是一个客观的指标，特色数据库中数据资源的数量必须达到一定的规模，否则就失去了建设的价值。当前，对特色数据库资源总量的考察主要是依据不同的资源类型确定的。比如，对于纯文字资源，以资源的总记录数来评价；对于视频资源，不仅考察资源的总记录数,还需要总体计算视频的时长。资源量越大,特色数据库存在的价值就越大。

（7）数据质量

数据质量的高低直接影响着数据库的质量。在评估时,我们应该关注两个方面:标引质量和标引深度。对特色数据库中的数字资源进行规范化的著录,并从多个维度对内容特征和外部特征进行深度揭示,有利于提高资源的利用率,便于资源相互关联。其中,标引质量主要考察标引的正确性与专指度,标引深度主要考察对资源内容的揭示深度。此外,数据可靠度和信息完整性也是评估数据质量的两个重要指标。

（8）内容的更新频率

该指标是考察特色数据库是否具有可持续性。特色数据库内容不可能永远不变,内容更新的及时性、连续性也要纳入评价的范畴。数据库的内容更新越快,其时效性越强,数据库就越有价值,通常以日更新或周更新为最佳。滞后时间如果过长,就会影响数据库的时效性和质量。

（9）资源类型

对于不同的应用,需求的信息资源类型是不同的。该指标就是反映特色数据库对期刊、图书、科技报告、学位论文等这些资源类型需求的满足程度。这是一个客观指标。指标的值越高,表示被评估的数据库水平越高。

2. 特色数据库的资源组织评价指标分析

特色数据库的资源组织就是根据内容属性、受众对象和其他特征,将杂乱无序的信息分门别类地列出,并按照一定体系有机组织起来的一种手段,是建立资源导航的基础。特色数据库的资源组织评价指标主要包括以下几个方面:

（1）资源分类的合理性

主要看特色资源是否按相关主题、学科门类、课程、时间、类型、字顺等分类,分类是否合理、科学,是否易于用户使用,整体设计类目是否清楚。

（2）数据的规范使用

主要看是否采用统一的数据规范和标准,如文字型数据采用 RTF、TXT 和 XML 文档格式,扫描图片数据采用 JPEG、TIFF、PDF 格式,音频数据采用 MP3、WAV 格式,视频数据采用 MPEG、AVI 等格式,确需采用专用（非通用）格式的,应能根据需求实现与通用格式之间的转换,若不存在相关标准,是否能提出一个合理的资源组织标准。

（3）资源组织的用户适用性

主要看特色资源是否有根据用户类别进行组织的，是否仅限在图书馆内部使用还是其他用户都可通过 Internet 访问，是否有用户个性化组织在内，是否参加了地区或更大范围的资源共享并提供文献信息传递服务。

3.特色数据库资源导航评价指标分析

由于用户的信息素养和信息检索能力的限制，很多用户在使用特色资源库时难以自己构建检索表达式。因此，特色数据库中的资源导航就显得特别有价值，用户可以通过资源导航，按顺序浏览相关资源，找到相关资源。因此，导航的任务就是帮助用户有序地浏览内容，引导用户找到自己所需要的信息。特色数据库资源导航评估指标包括以下几个方面：

（1）导航菜单的合理性。资源导航菜单的设计需要符合用户习惯，尤其是对某些专业性的特色数据库更有必要，否则用户难以找到资源的入口，也就难以找到相关的资源。

（2）相关链接支持。在主页上，是否有相关的多种链接，包括内部检索结果的链接、内部相关数据库的链接、外部其他相关专题特色数据库的链接、公共检索引擎的链接等。

（3）导航语义是否表达清晰。

4.特色数据库检索评价指标分析

数据库所提供的检索系统是衡量一个数据库的重要指标之一，要衡量数据库的检索性能是否完备、检索途径是否快速多样、检索入口是否实用，就需要有一套广泛适用的评估指标，以此判断特色数据库在检索方式上的优劣。由于不同用户对检索系统的感觉是不同的，加上对检索系统的功能评价难以用量化指标来分析，所以对特色数据库检索系统的评价是最复杂和最难的。

特色数据库检索系统主要考察是否提供检索页面以及提供多途径检索，方便用户查找信息资源。在检索方式上，是否支持简单检索、高级检索；在检索技术上，是否提供全文检索，是否支持布尔逻辑运算；在对结果的处理上，是否支持二次检索，是否支持定制查询结果、每页显示的记录数以及改变排序方式等；在特色数据库的用户服务上，是否提供多种信息服务，包括专家咨询、文献传递、定制服务、推荐服务和常见问题浏览等服务；特色数据库是否有使用指南，帮助用户更快地查找信息资源。

5.特色数据库利用效果评价指标分析

特色数据库建设的最终目的在于利用，因此建立高质量的数据库，就要注重数据库的使用情况。对特色数据库使用情况的评价主要是遵循定量和定性评价相结合的原则，包括以下几个方面：访问次数（用户打开资源链接的次数）、点击次数（通过网站访问量、数据访问和下载量等统计结果分析资源的利用率）、检索次数（用户提交检索式的次数）、资源的下载数量（用户从特色数据库中下载资源的数量，包括各类全文资源以及视频、图片等非结构化的资源）、用户意见反馈（用户使用特色数据库后，能否根据数据库的易用性和实用性进行反馈）。对反馈进行回复与处理能体现特色数据库的服务能力。

### （二）高校图书馆特色数据库建设存在的主要问题

1. 特色数据库建设标准不统一

标准化、规范化是数字资源实现共享访问的基础，而建设特色数据库的一个重要目标就是为了促进资源的广泛利用。通过调查发现，当前特色数据库的建设存在着严重的标准不统一的问题。①绝大多数图书馆在建设特色数据库时，元数据标准、用户接口标准、资源检索标准等都不统一，这导致资源在馆内难以共享，不利于资源的利用和迁移。②不同的图书馆采用了相同的技术平台，但在资源元数据管理、元数据提供等方面都未形成统一的数据标准，这导致特色数据库无法形成馆与馆之间的资源深度融合。

2. 资源组织方式单一

良好的资源组织体系有利于用户有效地获取各种资源，但通过对"211"高校图书馆的特色数据库调查发现，大多数特色数据库中的资源组织方式都十分单一，往往只是按照标题或作者等资源的外部特征进行组织，而未通过有效揭示资源内容特征来对资源从内容上进行组织。同时，对标签等 Web 2.0 元素的应用较少。

3. 特色数据库的交互性较差

提升系统的交互性有利于提高系统黏性，提高资源的访问频率，吸引用户长期使用。现阶段，绝大多数特色数据库都只是单向地为用户提供服务，而没有提供任何交互式功能，用户无法对资源进行评价，也无法对自己感兴趣的资源进行个性化管理和利用。

4. 资源检索功能存在不足

资源浏览和检索是用户访问特色数据库中的资源的入口，强大的资源检索功能便于用户快速地获取所需资源，但现有的特色数据库大多数只提供资源查询功能，因此提供全文检索、布尔逻辑检索等功能对特色数据库来说至关重要。提升检索功能，并对检索结果进行二次组织是当前特色数据库检索必须改进的地方。

## 二、高校图书馆特色数字资源建设

### （一）特色数据库建设选题分析

选题是构建高校特色数据库的第一步，是整个建设项目的重中之重。合适的选题不仅关系到特色数据库的质量，还影响着特色数据库建设工作的开展。高校图书馆要使自己的特色数据库充分发挥特色化信息资源的功能，就必须重视建库前的调研工作，做出尽可能详细的可行性分析论证，选择用户迫切需要的数据库作为开发研究对象。

1. 特色数据库建设选题原则

选题是特色数据库建设的关键。高校图书馆特色数据库的选题应以本馆馆藏特色为立足点，以本校研究优势为出发点，根据学校的学科建设需要，围绕学校图书馆特有的服务对象和服务任务，有重点地开发、建设某一领域或某一主题的文献信息资源，体现馆藏特色或地域特色，并以此确定特色数据库的建设方向。笔者认为，高校图书馆特色数据库建设在选题上应遵循以下原则：

（1）避免重复

由于各馆人力、物力和财力非常有限，如果重复建设将导致人、财、物的浪费，因此应尽可能地避免因重复建设所带来的各种弊端和问题。在特色数据库的建设前期，要对我国已有的或在建的特色数据库信息资源分布状况进行认真、细致的调查，通过论证确定主题。

（2）内容和形式上是否体现特色

主要看特色数据库的选题在内容选择和编排上是否具有鲜明的资源特色，如能否充分体现地方特色、学科特色、高等教育特色等，形成特色优势，满足用户对特色信息资源的需求，并考虑本数据库是否在本行业乃至全国高校范围内具有特色权威性，是否是其他综合型数据库无法替代的。

（3）选题是否突出自身优势

各高校经过长期的学科建设，在自己的重点学科领域已显示出独特的优势。在选题时要充分发挥本校专业优势、资源优势和技术优势，要考虑建成后的特色数据库是否基于本校相关重点学科的长期积淀，是否以特定专题、交叉学科或前沿学科为建设对象，能否在较长时间内保持领先的地位。

（4）是否具有较高的学术价值和利用价值

要考虑建成后的特色数据库在国内外是否具有较高的学术价值，能否满足科研需要。另外，还要考虑其是否具有实用性。特色数据库的建设选题要立足用户需求，要面向教学和科学研究的实际需要，考虑其实用价值和需求程度。

选题是特色数据库开发的关键，好的选题是在充分调查、研究、分析、比较的基础上确定的。选题不仅要体现特色，还要有明确的使用对象。特色数据库的选题应遵循需求第一、特色为重、优势互补、不重复建设的总原则。总之，图书馆应在建库前，在充分调查论证的基础上，结合本部门、本单位的馆藏特色、文献风格、人力、物力、经费等的现实条件和社会发展的需要，选择适合的主题。

2.特色数据库建设选题方法分析

建设特色数据库必须选好题，特色数据库建设选题要论证充分，特色明显。要先看选题论证方案是否建立在科学的需求分析、用户调查、专家评估基础上，然后确定特色数据库的建设方向以及数据资源的采集计划。

（1）需求分析法

任何特色数据库的建设都是为"用户"所用的，都要以用户利用率的高低作为数据库建设的价值尺度。因此，在进行特色数据库的选题时，必须考虑社会需求，全面掌握、了解读者和用户需求。分析需求有两个方面：一是从资源中提取用户的需求，即从本校的馆藏或网络资源中选取用户最集中的信息资源；二是从用户的需求中找资源，即根据用户的需求，从馆藏资源或网络资源中提取所需要的资源。

（2）系统分析法

利用集成管理系统对馆藏资源的利用率进行监控分析，对借阅率、续借率、预约率高的以及读者集中关注的教学参考文献进行数字化加工，将其制作成电子文档。

（3）读者调查法

可以采取网上调查、问卷调查等方式，征集读者对特色数据库建设或数字化资源建设的需求与建议。在建库前，要组织有关人员对我国特色数据库信息资源分布状况做认真细致的调查，在调查的基础上针对馆藏信息资源状况、重点学科设置、服务对象的需求等因素，确定适当的主题范围和文献类型的数字化建设项目。也可通过网上调查或问卷调查的方法对拟建选题的特色数据库的社会需求面有多大、是否具有较好的社会效益和经济效益进行调查，有针对性地确定符合实际的项目选题，避免重复建设。

（4）专家评估法

专家评估工作是确保和提高特色数据库质量的重要环节。根据以上三种方法确定特色资源库建设候选主题，将候选主题提交给相关领域专家，由专家对选题进行定性和定量的评估、打分，最终选定合适的主题进行建设。

高校图书馆如果要建设特色数据库，在选题上必须考虑本馆的性质、信息资源状况、服务对象、用户需求等因素。经过认真分析、反复论证，通过用户调查，甚至邀请专家对其进行评估之后方可确立主题。在这个过程中，要注意遵循"用户至上，需求第一"的原则，使建设的特色数据库一直保持实用性、先进性和可发展性。

## （二）特色数据资源收集与整理方法

特色数据资源的收集是数据库建设中十分重要的环节，对收集到的多类型、多载体的原始信息资源进行分析筛选是信息资源组织的基础工作。

### 1.特色数据资源收集原则

资源收集是特色数据库建设的基础，特色数据库的建设要求其数据收集要确保系统性、完整性和权威性。为此，在特色资源收集时需要确定合理的收集范围、信息源的类型、数据库的类型、信息来源渠道、数据收集标准、数据收集的时间等。

数据资源收集过程中应遵循以下原则：在收集数据时需要确定合理的收集范围，包括地域范围、学科范围、文种范围、时限范围等。在数据源类型上，追求一个"全"字。数据收集要涵盖图书、期刊、会议论文、学位论文、专利文献、图像、音频、视频等多种类型的文献。在数据收集的渠道上，拓展一个"广"字。不仅要最大限度地挖掘本馆馆藏文献资源，将馆藏印刷型特色文献资源进行数字化加工，还要选择本馆已购买的电子全文数据库，将其中与所建数据库相关的内容进行下载、加工、重组，并充实到自建特色数据库中。另外，还要进行必要的外部调查，即到全国各高校、科研院所乃至行业协会收集有关的信息资源。总之，要保证文献信息的收全率。在数据收集的标准上，突出一个"专"字。收录的数据与所建数据库的选题定位一致，杜绝因追求数量而造成信息繁杂。在数据收集的时间上，遵循一个"宽"字。文献信息的收录时间越早越好，收录范围越全越好，因为时效性是衡量特色数据库水平的一个重要指标。在数据库类型上，涉及全文型、书目型、文摘型、题录型等。

总之，特色数据库的信息资源收集必须建立在对信息资源的正确评价、统筹规划和有效甄选方案的基础上，尽量避免靠经验、推断等主观意愿来判断取舍特色资源的收集。一是要保证所收集资源的质量，尽可能做到专业、全面、有特色，力求所选择的资源能直接服务于教学与科研。二是要确保各种信息资源分类明确，并且能够连续、系统地整合在一起，以保证特色数据库的完整性、即时性。

### 2.特色数据资源收集途径

一般来说，特色数据库的数据来源主要有三个方面：一是整合馆藏特色文献；二是对网上信息资源的收集，即从综合性数据库中选择具有特色的资源进行收集、分类、存储或通过共享链接利用网上数据；三是通过全面收录本校师生的科研成果、收集本学科非正式出版物、实地考察等途径收集建库资源。

（1）整合特色馆藏资源

建设特色数据库，要优先选择现有馆藏中的特色文献，因为本馆馆藏资源是最方便利用的资源。一般来说，图书馆经过长期的积累，已经收藏了较为完备的资料。除了印刷型文献外，还包括光盘、录像、电子书、电子期刊等各种载体的文献。尤其是学术及研究价值高、特色性强的历史文献资源，这些资料现存数量较少，具有数据准确可靠、相关性强、无知识产权问题等优点，因此这部分文献作为建库的主要信息来源应得到充分的挖掘、利用。

馆藏文献分门别类，分布广泛，内容繁杂，有的甚至分散在各个学科中，应集中精力对馆藏古籍、图书、期刊等进行认真的甄选。利用这些传统图书馆中使用频率高、具有较高价值的本学科专业特色馆藏资源建设特色数据库是图书馆建设特色数据库的最有利条件。尤其是重点学科的文献，要注意专业性、学术性、权威性资料的收集。图书馆经过调研后，利用本馆的收藏优势，有重点地开发某一领域或某一品种的数据库，不仅可以起到吸引用户、扩大图书馆社会影响的作用，还能为今后各图书馆的协作打下坚实的基础。

（2）充分利用网络信息资源

网络资源是图书馆数字化建设的重要信息源。网络资源具有信息量大、内容丰富、方便利用等特点，是特色数据库建设中取之不竭、享之不尽的资源源泉。因此，网上信息资源的整合就成为近年来特色数据库建设的重要途径之一。建设特色数据库时，可以利用搜索引擎采集网上信息，根据研究的主题确定收集的范围和文献类型，将符合研究主题的信息按专题或某主题进行甄选提炼、整合分析后添加到数据库中，也可以通过共享链接利用网上数据。需要注意的是，在利用这些网络信息资源时，要采取严格的质量控制，防止不可靠信息进入数据库。根据特色数据库的需要，有选择地利用和下载网络资源可以节省经费并加快数据库建设进程，还可以提高馆藏特色数据库的质量，方便用户检索使用。另外，特色数据库具有相对的独立性和开放性，在搜集网上信息资源时，必须遵守版权法所限定的范围，合理使用网上信息资源，保护作者的知识产权。

（3）全面收录本校师生的教学科研成果

广大师生既是信息资源的利用者，又是信息资源的生产者、提供者，要高度重视他们在教学和科研中的成果，并将其作为特色数据库资源建设的重要内容，全面收录。此外，要重视本学科非正式出版物的收集，凡是对本学科的研究开发有重要参考价值的信息都应重点收录，如本专业的学位论文，专家、学者的课堂演讲及学术报告录像。

3. 特色数据资源的加工整理

以特色资源为依托的数据库建成之后要达到有效满足用户的需求，必须对这些原始信息资源进行深加工。从原始信息资源中提炼挖掘出相关信息资源和知识，使各种信息从隐含到明显、从重复到精练、从分散到集中，满足用户对信息的直接利用需求。在加工馆藏文献资源之前，要根据文献的题名、作者进行查重，防止重复加工；在加工处理中，要注意存储媒体、格式、转换程序，文档均应标准化。

信息加工技术一般包括自动标引技术、人工标引技术和元数据技术。自动标引技术以主题词表和分类表为基础，可以对数据资源自动生成主题和分类。人工标引是直接由标引人员对信息记录进行分类标引或主题标引，赋予特定的检索标识。但由于标引人员水平的不同和信息资源所存在的语义歧义，同一篇文献不同人员标引会不一致。自动标引可以对人工标引进行校对。在信息资源的加工过程中，也可以用元数据技术描述和定位相关信息资源，对这些特色信息资源进行著录和标引，以便用户通过这些元数据信息快速准确地找到自己所需要的信息资源。

## （三）特色数据库系统框架研究

建库主题、建设模式以及资源载体类型等都对特色数据库系统的具体建设框架有一定影响。特色数据库系统框架应该满足如下设计原则：

1. 实用性与可用性原则

实用性要求整个项目的设计思想体现易学易用、简洁明了、个性化、人性化，保证系统的运行效率和使用效率。可用性要求系统应采用成熟的开发技术，商业化的应用服务器、数据库和安全系统。系统具有成熟、稳定、实用的特点，其实用性和可用性需要通过严格论证和测试得到检验。

2. 先进性和成熟性原则

高校图书馆进行特色数据库建设，避免重复建设是第一要务。在整个系统设计上，应充分考虑未来发展，最终实现面向企业级的资源优化而不是简单的信息管理。在技术架构上，可采用先进的容器与服务结构，所有应用在同一容器中运行，容器提供各种通用的功能性引擎的接口，每个业务应用只需实现本业务的具体功能，通用的功能由容器提供系统所需的公用的服务。面向服务、面向组件的先进技术和理念具有发展潜力，能保证未来若干年内仍占据主导地位。这也是已被业界广为使用的成熟、稳定的技术。技术、设计方案应顺应平台化、集成化与人性化的应用软件发展的三大趋势，构建在此业务基础平台的行业应用也将引领教育行业内应用软件技术发展的全新方向。

3. 开放性与标准化

特色数据库建设总体框架支持开放的且符合业界主流技术标准的资源系统平台。该平台独立于网络、硬件环境、通信环境、软件环境和操作系统。由于系统平台都按照功能模块进行松散方式架构，用户可以根据需要新增各种功能模块。同时，系统的后台管理平台要基于工作流引擎，用户可以根据工作的需要，方便增加新的功能应用。另外，在资源采集、资源加工、资源描述、服务提供等方面都要求严格按照全国信息技术标准化技术委员会教育技术分技术委员会的各种标准规范或其他标准规范，并可根据学校的实际情况，引入学校自定义的标准，真正做到系统标准化。

4. 可扩展性和易升级性

应用建设的长期性和内容的广泛性决定了系统在构建和使用过程中必然面临着各类扩展性需求，如业务规模的扩展、业务类型的扩展、集成范围的扩展等。随着时间的推进、信息技术的变化、资源采集能力的提高，其功能模块有可能进行扩展。特色数据库系统总体框架内系统模块间完全独立，接口清晰，内部的业务流程升级和改造与其他模块无关，所有模块基于组件 EJB、Web services 等开发，可插拔，并为二次开发提供开发 API 等，因而极具扩展性和升级性。

5. 可靠性与稳定性

从系统基础设施结构、系统软件、技术措施、设备性能、应用设计、系统管理等各个层面确保系统运行的可靠性和稳定性，达到最大的平均无故障时间。要充分考虑特色数据库中不同资源的访问特点，对缓存控制、静态页面控制、存储控制等方面都应做重点考虑，保证系统的可靠性与稳定性。

# 第三节　高校图书馆特色数字资源系统的实行

## 一、特色数据库系统详细功能设计

### （一）系统配置管理

系统配置管理功能模块包括特色数据库系统服务器管理流程，系统参数设置，对各种资源库基本信息的登记，实现对基本库、资源库及表单信息的登记、修改、删除等相关功能。

1. 服务器管理

特色数据库系统服务器类型有存储服务器、Web 应用服务器、数据库服务器、图片服务器、流媒体服务器等，系统将对这些服务器进行注册。服务器管理流程如下：先配置好各硬件服务器，然后在系统内进行注册登记，并对相应的参数进行记录。

2. 系统参数设置

系统中有些功能性数据是以参数的方式进行配置的，系统参数设置则是对这些数据进行配置，它可以在系统实施前或者运行过程中进行修改。

3. 基础资源库管理

基础资源库管理用于登记各种资源库基本信息。资源库基本类型有视频库、图片库、音频库、文本库等，每种类型的资源库都可以有多个具体的资源库。我们把视频库、图片库、音频库、文本库、PPT 课件库等称为基本库。

4. 基本库管理

基本库管理实现对基本库信息的登记、修改、删除等相关功能。基本库是资源库的基础，在系统中相当于对资源库进行类型设定，是其他具体资源库的模板。

5. 基本库字段管理

基本库字段是基本库的基本属性，它包括资源库的元数据字段。特色数据库系统中的基本库字段是在元数据标准的基础上，整合其他机构的参考标准，并加入系统管理基础信息形成的。基本库字段分为基础性字段和扩展字段两个部分，两者共同形成基本库字段模板。在系统实施过程中，可以对基本库字段进行添加、字段属性修改等，并加入批量操作功能。字段一旦启用将不允许删除，因为它是其他资源库的基础性数据。

6. 资源库管理

资源库管理是对资源库基础信息进行管理。资源库基础信息管理是对系统内资源库的基本信息进行记录，如在系统内登记视频库、图片库、文档库等资源库的标识、名称、资源量等。在系统中，将实现资源库登记、资源库修改、资源库删除、资源库禁用等功能。资源库一旦启用将不允许删除。

7. 资源库字段管理

资源库字段是资源库的基本属性。同基本库字段一样，它也由两部分组成，即基础性字段和扩展字段。资源库基础性字段将不允许修改，扩展字段可以进行添加、属性修改、禁用启用等操作。

8. 资源库表单管理

资源库表单是指每种资源库的管理中需要使用到的表单，包括添加表单、修改表单。资源库表单管理即实现对添加、修改、删除资源库表单的功能。

**（二）资源管理功能**

资源管理功能模块包括实现资源的自定义分类功能，将系统内各种类型的资源按某一主题方式进行分类、分组管理，对频道基本信息、前台频道展示模板的设置及频道资源管理，提供对资源各个环节的统计功能等。

1. 自定义分类体系管理

资源分类是按照一定的分类体系，如学科分类体系等，对资源进行分类。

资源分类是资源组织的一种重要方式，它不但有利于对资源进行学术研究，而且对用户的访问使用起到了重要的作用。特色数据库系统中实现了资源的自定义分类功能，系统管理员可以设置多种分类方式。具体的功能包括添加自定义分类、修改自定义分类、删除自定义分类。删除自定义分类的前提是该分类及其子分类下不存在任何数字资源。

2. 资源分类管理

资源分类管理即将资源归入相应的分类，在具体实现上有两种途径：一是根据资源分类下载资源；二是将资源进行分类。资源分类管理实现的两项基本功能为添加分类下的资源和删除分类下的资源。

3. 资源分组管理

资源分组是将系统内各种类型的资源按某一主题方式进行分组。同一资源可能属于多个分组，每个分组可以包括多类资源。系统实现添加、修改、删除、禁用资源分组等功能。

4. 频道管理

频道的概念用于前台资源展示系统，也可以理解为资源包的分类体系。频道可以有多个级别，一级频道代表各个资源包，二级频道是该资源包下的分类，以此类推。在特色数据库系统中，频道的基本信息包括频道名称、频道级别及显示模板等。频道管理功能有添加频道、修改频道信息、设置频道模板。我们可以按课程或者某一个专题设置为频道，如可以将某一次学术会议的视频设置为一个专门的频道，从而组织资源。

5. 频道显示模板设置

频道显示模板即前台频道展示时使用的页面模板。通过页面模板，管理员可以较为方便地控制页面显示，在更换时也较为容易。系统提供了显示模板的添加、修改功能。频道显示模板设置的一般流程如下：先采用页面编辑软件 Dreamweaver、Editplus 等设计好页面源文件，然后在系统中的管理界面进行设置。

6. 频道资源管理

频道资源管理即对频道分类体系中各个分类下拥有的资源进行管理，它与资源分类管理类似。通过本项功能，系统将各种数字资源以集成的方式呈现给用户。一个资源可以属于多个频道，一个频道也可以拥有多种资源、多个资源。在后台频道资源管理功能中，实现对添加频道资源、删除频道资源及频道资料显示顺序设置等功能。

7. 资源统计分析功能

系统提供对资源各个环节的统计功能，主要包括如下几个方面：

（1）资源数量统计

统计各种资源库中的资源数量、所占存储空间大小、存储空间分布，通过资源数量统计识别各库资源量与预计量的对比分析。

（2）资源存储统计

统计各种资源库所占存储空间大小、存储空间分布、文件类型等，据此实现资源存储空间报警等相关分析功能。

（3）资源著录统计

统计系统中已著录资源量、待著录资源量统计、著录人员工作量统计。资源著录统计分析可为资源著录任务分配提供依据，起到决策支持作用。

（4）资源分类统计

按资源分类体系和资源类型进行资源统计，并将已有资源量与预计资源量进行对比分析。

（5）资源分组统计

统计资源分组下各库资源量。

（6）资源访问统计

对每一个资源实例进行资源访问统计，由此得出资源的欢迎度、资源建设方向等相关信息。

另外，资源统计分析在呈现方式上有三类，即 HTML 页面表格展示、二维或者三维图形展示、Flash 展示。

**（三）外部资源采集管理**

外部资源采集管理功能模块主要根据用户定制收割参数，完成网络信息、博客信息、视频信息的定制抓取及其他异构系统的元数据收割，将抓取回来的数据与系统中已有数据比较，进行自动排重。

1. 外部资源收割管理

主要根据用户定制收割参数，从外部收割各类相关资源。

2. 关键词管理

支持用户自定义收割关键词，并能由关键词构建逻辑表达式。

3. 收割参数设定

完成资源收割的基础信息定制，包括服务器参数定制、收割数据格式、文件大小、发布时间、数据来源等。

4. 网站信息定制抓取

根据收割参数完成网络信息的定制抓取。

5. 博客信息定制抓取

根据收割参数完成博客信息的定制抓取。

6. 视频资源定制抓取

根据收割参数完成视频信息的定制抓取。

7. 其他异构系统定制收割

根据收割参数完成其他异构系统的元数据收割，并采用合理的技术方案，实现异构系统资源迁移。

8. 自动排重

将抓取回来的数据与系统中已有数据比较，进行自动排重。

**（四）视频库管理**

视频库的管理流程包括对视频进行上传、加工、著录、审核、发布、播放等。

1. 视频上传

视频上传功能属于系统资源上传功能之一。资源上传是通过客户浏览器端将以文件形式存在的资源上传到服务器端统一管理。资源上传是系统中的一项基础性公共功能，其具体功能如下：

一是单文件上传，即通过浏览器将单个文件上传到服务器上进行存储。

二是批量上传。实现在浏览器中进行大文件批量上传功能。

三是压缩文件上传及自动解压。压缩文件上传后在服务器端自动解压。

四是分布式存储分配。文件上传时根据服务器端压力或者由用户选择的方式分配存储服务器。

系统拥有足够的资源上传容错能力，资源上传出错情况及系统中相应的处理方式如下：

一是单文件上传过程中出错。该情况发生时，服务器端并未存有文件，即上传失败，系统中不需要做特别处理。

二是批量上传过程失败。该情况发生时，服务器端可能已存在相应的资源，即已上传成功资源，对于已上传成功资源不需要重复上传。在用户上传时，可以查看有上传而未著录的资源，为用户提供上传参考帮助。

三是压缩文件上传失败。压缩文件上传失败说明服务器端未能成功接收到压缩文件，不会运行解压过程，也不需要特殊处理。

2. 视频加工

日常的教学资源视频源格式有多种，如 AVI、MPG、RMVB、DAT 等。特色数据库系统为了满足展示的需求，也为了保护视频资源版权，将对视频进行加工处理。系统视频加工功能如下：

（1）视频格式转换

在服务器端利用视频转换系统将各种格式的视频转换为 FLV 流媒体格式。

（2）视频分辨率转换

视频源文件分辨率一般都比较大，由于前台展示的限制和网络带宽的限制需要将视频分辨率进行转换，以使前台播放一致且较为流畅。

（3）视频截取

同一个视频内可能有多个片段，系统提供人工参与下的视频截取功能，截取视频片段。

（4）视频加盖水印

为了保护视频版权，需要在视频上加盖相关标识。在前台视频播放时，用户看到的都是加盖有水印的视频。

（5）视频截图

为了前台展示需要，系统提供如下几种视频截图管理功能：一是系统自动截图，截取某一时刻的图片；二是指定时刻截图，由用户指定在某一时刻进行截图；三是上传截图，即先由用户在线下通过软件截取视频中的图像，然后通过上传功能上传到服务器，以该上传图片作为视频截图。

3. 视频著录

视频著录即对视频资源实例的各种属性进行描述，从信息组织的角度来理解，是对资源的各项元数据进行描述，它揭示了视频的外在特征和内容特征。视频著录在教学视频管理中是一个重要的资源管理环节，在系统中提供了相应的著录功能，具体如下：

（1）单视频著录

单视频著录即只针对一个视频资源进行著录，其基本方式是根据视频的一些外在信息和视频的内容，对该资源的数据项进行描述。这些数据项来源于视频资源库字段。

（2）视频批量著录

该功能用于对一批具有共同属性的视频资源进行共同著录。例如，如果数个视频资源同属于某个学术会议或者某门课程，则它们具有共同的时间、主办单位、来源等，在批量著录时，就可对这些视频资源进行批量著录。

（3）视频分节著录

视频分节著录即对视频资源所提示的内容进行进一步细分，有可能同一个视频中有多个节目或片段，则在分节著录中对这些片段进行内容上的描述。因此，系统提供了视频分节管理功能。另外，系统还可以根据视频分节信息，对视频进行加工，截取出相应的视频片段，形成该视频的子资源。

为了更好地进行视频著录，系统中还提供了一些辅助管理功能：

一是视频著录任务分配，即将未著录的视频分给相应的工作人员，并对其著录任务进行管理和审核。

二是视频著录任务管理。该功能项是提供给著录人员使用的，著录人员登录系统后可以查看到自己的著录任务。在该任务列表下，著录人员逐项完成视频著录。

三是视频著录修改。系统提供了著录修改功能，对已著录的视频信息进行修改、完善。

4. 视频审核

在视频审核环节，管理员将审查视频资源著录情况，包括基本资料是否完备、视频文件是否正确、资源是否已正确分类等。根据以上基本信息，管理员审核资源是否通过。对于未审核通过的资源，由著录人员或相应操作人员进行修正后，再提交审核。系统中提供单项审核功能、批量审核功能。

5. 视频发布

对于审核通过的视频资源，管理员可以选择是否进行资源发布。已发布资源能被前台注册用户所访问，而对于未发布的资源，前台注册用户是无法访问的。系统提供的视频发布功能有视频发布、取消视频发布、视频发布顺序等相关功能。

6.视频播放

在视频播放中，将展示视频基本信息，即视频的著录信息，同时将通过前台植入 Flash 播放器控件的方式实现视频流媒体的功能。特色数据库系统将采用 Red 5 作为流媒体服务器，播放器作为播放终端，实现通过浏览器即可播放视频的功能。在视频播放环节，系统将做好视频的访问控制，主要手段如下：一是采用流媒体的方式防止直接下载；二是通过在 Flash 播放器中加入相应代码实现客户端观看控制。通过以上两种方式屏蔽视频真实地址，从而实现视频保护功能。由于篇幅的限制，对其他载体类型管理的详细设计部分省略。

（五）检索功能

特色数据库系统在提供按分类体系进行浏览的同时，提供丰富的检索功能，以实现快速查找资源的目的。该系统主要检索功能有以下几种：

1.简单检索

简单检索是指对特定资源库中特定字段进行检索，在执行简单检索前需要先选择资源库和该资源库的字段。简单检索字段限定性比较强，能够较为精确地查找到具有某一属性的资源。

2.高级检索

高级检索是指在特定资源库中对多个字段进行限定性检索。高级检索执行过程中需要先选择资源库和设定资源库字段。该方式能够从多个维度、多种资源属性对资源进行检索，其限定性比简单检索更强。

3.单库全文检索

单库全文检索是指对某一特定资源库重要字段进行全文检索，在执行前需要先选择一个资源库。单库全文检索功能能够在某一资源库中较为全面地找到与关键字相关的所有资源。该检索途径为用户提供了更为方便的检索服务，检索较为精准、全面，同时易于用户使用，对用户的检索技能要求较低。

4.跨库全文检索

跨库全文检索功能是对多个资源库的重要字段进行全文检索，在执行前需要先对资源库进行设定。跨库全文检索能够在多个资源库中较为全面地找到与关键字相关的多种资源。该方式便于用户一次性查找多种资源库。

5.热点检索

根据用户的检索提问频率，为用户推荐热点教学资源，实现热点检索。

6. 相关检索

采用基于教学本体的相关检索技术，对用户提问进行智能分析，实现相关检索。

（六）用户交互功能

用户界面设计的质量直接影响着用户对数据库的评价，因此在界面设计上添加了用户辅助著录及审核功能、用户评论及审核功能、标签管理和用户收藏管理等功能。此功能对征求用户意见，跟踪用户需求，实现优质高效的数据库建设是非常必要的。

1. 用户辅助著录功能

用户辅助著录功能是指注册用户通过前台界面对资源的基本信息进行修改，从而辅助管理员对资源进行著录。辅助著录功能只有注册用户才拥有使用权限。

2. 用户辅助著录审核

注册用户通过前台提交辅助著录后，需要由管理员对其进行审核，判断辅助著录的可靠性和真实性。若审核通过，则由辅助著录信息代替原著录信息；若审核未通过，则抛弃该辅助著录意见。

3. 用户评论

注册用户浏览相关教学资源后，可以发表一些个人评论。该功能只有注册用户才能使用，非注册用户只能查看他人评论，无法添加评论。

4. 用户评论审核功能

注册用户提供评论后，需要管理员审核通过后方可在前台显示。审核时，需要就评论的内容进行判断，若评论合法、合理，则予以通过，相反，可以删除。

5. 社会化标签管理

社会化标签又叫大众标签，是用户对资源进行的大众分类或个人描述。特色数据库系统中加入该 Web 2.0 元素，可以增加资源描述功能。注册用户登录后可就某资源添加自己的社会化标签。

6. 用户收藏管理

注册用户可以根据自己的兴趣爱好添加收藏资源，该权限只有在注册用户登记后方可使用。系统为用户提供了添加收藏资源、修改收藏资源信息、删除收藏资源等功能。需要注意的是，这里的所有操作都不是对资源本身进行修改和删除，而只是收藏信息。

## 二、核心功能模块技术实现

### （一）资源采集功能

资源采集功能能够针对特定的网站，分析其网页结构特征，从中摘取相应的数据，实现模型化、结构化的资源采集。该程序利用了 CNKI 检索结果列表页面中的一些结构特征，得到论文的部分元数据信息。

## （二）资源添加功能

资源添加功能用于向特色数据库系统中添加各种特色信息资源，其实现方式是将特色资源对象的元数据信息存储在 JCR 内容仓库中。以视频添加为例，通过获取元数据信息和资源实体的比特流，分别存储入 JCR 内容仓库中和服务器文件系统中，资源对象的元数据对应 JCR 内容仓库中的对象属性。

## （三）资源著录功能

资源著录功能是指对特色资源库中的特色资源对象进行规范化的元数据描述。在实现过程中，通过资源对象所使用的元数据模型解释用户的著录请求，得到资源对象的实例，传入内容仓库中修改相应资源对象的属性值。

## （四）资源检索功能

资源检索功能可以实现对资源元数据描述的全文、多属性检索，灵活地根据用户请求进行资源检索。具有资源检索功能的核心程序在底层实现中利用了 Jackrabbit 的 XPath 检索语法。

系统开发完成后，特色数据库系统能够实现模型化、结构化的资源采集功能，向特色数据库系统中添加各种特色信息资源，通过资源对象所使用的元数据模型解释用户的著录请求，实现对资源元数据描述的全文、多属性检索，灵活地根据用户请求进行资源检索。

# 第六章 基于微信公众平台的高校图书馆服务提升策略

## 第一节 高校图书馆微信公众平台需求分析

### 一、用户需求

在对高校图书馆微信公众平台的用户需求进行分析之前，应先了解使用高校图书馆微信公众平台的用户角色。不同角色的用户会对高校图书馆微信公众平台有不同的需求。笔者从用户使用高校图书馆微信公众平台的目的、权限和所承担责任等不同角度出发，将高校图书馆微信公众平台用户划分为客户端用户、平台管理员和系统管理员。其中，客户端用户角色包括学生读者和教职工读者，平台管理员角色包括平台推广人员、素材编辑人员、数据管理人员和客服人员。

下面根据高校图书馆微信公众平台的特点，分别对客户端用户、平台管理员和系统管理员进行信息需求、知识需求和权限需求分析。

#### （一）客户端用户

1. 信息需求

首先，从新用户和老用户的角度分析。每年高校都会有一定数量的新图书馆用户，如新入读的同学和新入职的教职工，图书馆对这些新用户而言是陌生的，新用户迫切地需要一个可以让他们快速熟悉和了解图书馆的平台，这样，他们才能熟练地利用图书馆的资源。对于老用户而言，他们需要一个能够全面、实时掌握图书馆资源和功能的平台，这样才能更好地满足自己的需求。

其次，从信息类型进行分析。信息类型包括新闻公告、活动通知、资源信息和服务信息。新闻公告包括图书馆实时和往期新闻资讯、相关规定和政策公告等信息；活动通知包括最新活动通知、讲座及公开课通知、展览预告等信息；资源信息包括新书和好书热门推荐、热门借阅推送、报纸和杂志精选等信息；服务信息包括图书馆机构设置介绍、功能介绍、馆内布局、馆藏布局、失物招领以及假期开闭馆通知等信息。

2. 知识需求

首先，从学生用户的角度分析。在校学生可以分为专科和本科学生、硕士和博士研究生、留学生和短期研修生。专科和本科学生在高校学习期间主要以课程学习为主，他们需要在图书馆查阅相关课程的书籍或资料，是图书馆多媒体资源的主要利用者。硕士和博士研究生在校学习期间除了课程学习以外，还需要负责相关的学术研究和项目，他们对图书馆的需求会更加深入化、专业化。他们需要检索文献或期刊，查询中文或外文数据库信息，对电子资源也有一定的需要，还需要利用图书馆提供的发现系统进行学术搜索，需要图书馆提供更深层次的功能和服务。留学生和短期研修生的需求会特殊化一些，由于语言和课程的背景差异，他们对各类数据库有很高的使用率，图书馆需要为他们提供一个数据库资源查询的平台。

其次，从教职工的角度分析。教师用户具体可以分为在职教师和退休教师。在职教师在高校中主要负责课程的教授、学术科研项目研究，对图书馆的需求是深层次、全面化的。在进行课程教授和学术科研项目的研究过程中，在职教师需要查阅相关资料，所以在职教师会使用图书馆进行馆藏资源查询、文献或期刊检索、中文或外文数据库信息查询以及馆与馆之间书目的联合查询，并且在职教师希望图书馆提供文献的传递服务、书籍或期刊的荐购服务、各种数据库的使用服务等。退休教师也会进行学术研究，会利用图书馆进行馆藏书籍查询、文献或期刊检索以及中文或外文数据库信息查询等。

高校职工对图书馆的需求相较学生和教师而言简单些，职工在高校主要进行各类日常管理工作，虽然对学术资源有相关需求，但职工多数需要获得图书馆相关活动信息或荐购信息，并利用图书馆资源，如多媒体资源等。

3. 权限需求

学生用户和教职工用户在平台中的登录权限和使用权限有差异：学生用户登录时使用学生号，借阅期限相对短，借阅等级相对低，研究室和座位预约时限短，荐购图书级别低；教职工用户登录时使用教职工号，借阅期限更长，借阅等级更高，研究室预约时限长，荐购图书级别高。

**（二）平台管理员**

1. 信息需求

平台管理员依据分工不同又分为四类，每一类对信息的需求内容不同。平台推广人员需要了解平台用户对平台的评价信息以及图书馆自身的相关信息，这样才能更好地将图书馆微信公众平台展示、推广给用户；素材编辑人员需要接收各种文字、图片以及多媒体等信息，以更好地完成工作；数据管理人员需要获取各种平台分析数据，进行对比研究；客服人员需要掌握全面的信息和常用的信息，这样可以及时地回复用户。

2. 知识需求

不同平台管理员对知识的需求不同。平台推广人员需要掌握图书馆和图书馆微信公众平台的相关基础知识，这样有利于展开推广宣传工作；素材编辑人员需要学会相应的计算机软件操作知识，更好地完成工作；数据管理人员需要具有平台数据分析和管理的能力；客服人员需要掌握与用户交流的技巧知识和平台客服系统操作知识。另外，平台管理员会以图书馆研究者的角色对高校图书馆微信公众平台属性、功能等进行调查和研究，同样需要利用图书馆资源。

3. 权限需求

平台管理员作为前台管理者，需要登录高校图书馆微信公众平台开发模式后台，对图书馆微信公众平台的各方面信息进行操作和管理，需要对平台的信息和数据进行更新和统计，需要编辑和上传各类素材，需要对平台进行宣传和推广，等等。平台管理员的权限高于客户端用户。

### （三）系统管理员

1. 信息需求

系统管理员信息需求来源包括四个方面：①图书馆高层决策者给出的完善和更新平台功能的建议信息；②客服人员总结并反馈的用户所咨询的问题和给出的建议信息；③数据管理人员提供的平台数据统计分析和用户行为分析报告；④微信团队所公布的微信公众平台"系统公告"信息。

2. 知识需求

高校图书馆微信公众平台系统的稳定、安全运营是一项非常重要的工作，所以对系统管理员提出了很高的要求。不仅要求其有扎实的计算机编程能力，还要求其有很强的综合分析能力，这样才能快速地发现和解决系统产生的问题。同时，系统管理员会以高校图书馆微信公众平台研究者的角色对平台系统进行调研、分析和研究，所以需要利用图书馆资源，这样，系统管理员也就属于平台的用户之一。

3. 权限需求

系统管理员的权限和等级是这三类角色用户中最高的，其会对图书馆及高校图书馆微信公众平台各方面进行深层次分析和研究，所以系统管理员是高校图书馆微信公众平台系统的最高权限拥有者，不仅可以操作平台前台功能，还能更新和维护平台后台系统等。

## 二、功能需求

### （一）前台功能需求

通过以上对各类角色用户的需求进行分析，可以将高校图书馆微信公众平台前台客户端功能需求总结为以下几个方面。

1. 各类资源的需求

高校图书馆微信公众平台用户对资源的需求是多方面、多层次的。资源的需求包括书籍资源、文献与期刊资源、数据库资源、电子资源、多媒体资源、系统资源、设备资源和研究室资源等多个种类的资源要求，不同的用户使用资源的种类和数量均不相同。资源的需求是用户使用图书馆的重要原因之一。

2. 账户管理的需求

图书馆用户开始使用图书馆资源和设备后，会对和自己相关的所有账户信息提出管理的需求，如对借阅记录查询、续借办理、书籍超期罚款管理、预约委托服务、研究室预约及图书馆座位预约管理等需求。

3. 信息服务的需求

图书馆最新活动通知、讲座及公开课通知、新闻公告、展览预告及假期安排通知都是用户迫切需要了解和掌握的。另外，用户还需要图书馆提供新书和好书热门推荐、热门借阅推送、报纸和杂志精选、图书馆机构设置介绍、图书馆功能区介绍、馆内和馆藏布局介绍、开闭馆时间介绍、联系方式和常见问题总览等信息，方便用户更好地体验图书馆的服务。除此之外，用户对客服咨询服务、有奖调查服务、天气预告服务、IP 地址查询、手机归属地查询、星座查询、农历日期查询、实时公交查询等生活服务也有一定的需要。

4. 调查研究的需求

平台管理员和系统管理员除有以上总结的三方面需求外，还需要对图书馆各方面进行深层次研究，通过研究来完善和提升自身的知识水平、工作能力以及服务质量，所以从这个层面来分析，平台管理员和系统管理员更多的是以图书馆研究者的角色对图书馆属性、功能等进行调查和研究的。

## （二）后台功能需求

高校图书馆微信公众平台除了需要研究前台客户端功能的需求外，还需要考虑后台系统功能的需求，只有后台的稳定性和安全性提高了，才能保证平台的正常运行和使用，所以分析后台功能的需求也是至关重要的。

### 1.接口功能

在高校图书馆微信公众平台中要想实现资源检索、用户登录等前台功能，需要保证后台的接口功能正式启用，接口可以正常地被调用。平台所需的数据库和相关的系统都需要通过接口才能被使用，所以接口的权限和调用次数是很重要的。以高校图书馆为研究对象，对认证服务号接口类型、权限和调用次数进行分析，可以发现认证服务号包括三种类型接口：对话服务、网页服务和功能服务。对话服务接口包括基础支持、接收消息、发送消息、用户管理、推广支持、界面丰富和素材管理七大类接口类型，共 19 种具体接口；功能服务接口包括智能接口、微信支付和设备功能三大类接口类型，共 3 种具体接口；网页服务接口包括网页账号、基础接口、分享接口、图像接口、音频接口、智能接口、设备信息、地理位置、界面操作、微信扫一扫和微信支付十一大类接口类型，共 30 种具体接口。另外，微信团队对第三方平台开发者开放了数据接口。利用数据接口，开发者可以获取与公众平台官网统计模块类似但更灵活的数据，还可根据平台需要进行高级处理操作。

微信公众平台本就具有统计分析功能，通过这个功能可对用户、图文、消息和接口这四大类数据进行统计和分析。

第一，统计分析的具体内容包括以下几方面。①用户分析。用户分析模块的关键分析指标包括新增人数、取消关注人数、净增人数、累计人数四项，各项的分析结果会通过相对应的数据表或曲线图来显示数量发展趋势。在用户属性中，可以看到用户的语言、性别、各省份用户分布数量以及各自所占的比例。②图文分析。图文分析分为图文统计和图文群发两部分。分析指标包括送达人数、图文页阅读人数和次数、图文转化率以及原文页阅读人数和次数、原文转化率、分享转发人数和次数等。此外，还提供按照图文页阅读人数、分享转发人数进行排序的功能。例如，在相对应的时间段内，哪些文章最受欢迎一目了然。③消息分析。消息分析模块的关键分析指标包括消息发送人数、消息发送次数和人均发送次数三项，各项的分析结果会通过相对应的曲线图来显示数量发展趋势。通过分析结果可以了解用户与平台互动的具体情况。④接口分析。接口分析模块的关键分析指标包括接口调用次数、接口调用失败率、平均耗时和最大耗时四项，各项的分析结果会通过相对应的曲线图和具体数字来显示分析结果。通过分析结果可以了解用户与平台互动的具体情况。

另外，因为研究对象为高校图书馆微信公众平台，所以统计内容不仅包括上述内容，还包括对用户检索关键词和检索历史数据的统计和分析，这是为用户提供个性化服务的基础。

第二，不同统计功能的最大时间跨度有差异。最大时间跨度是指一次接口调用时最大可获取数据的时间范围。

第三，不同统计功能的接口类型有差异。

2. 数据备份

对数据进行统计分析后得出的结论都是对平台发展意义重大的资料，所以对这些数据进行备份是非常重要的，也是平台后台不可缺少的功能。需要备份的内容包括以上进行分析的接口功能的相关数据，如接口调用次数数据、统计分析功能中产生的所有数据结果。

## 三、性能需求

### （一）系统兼容性

根据微信更新日志的资料显示，微信一共兼容八大平台系统，分别是 Mac 平台系统、iOS 平台系统、Android 平台系统、Windows Phone 平台系统、Windows 平台系统、Symbian 平台系统、Series 平台系统和 Black Berry 平台系统。这里研究除 Window 平台系统外的其他七个平台系统，研究时间截至 2015 年 1 月 31 日。

1. 从更新的版本级别分析

iOS 系统更新至 6.1 版本，Android 系统更新至 6.1 版本，Mac 平台系统更新至 1.2 版本，Windows Phone 平台系统更新至 5.4 版本，Symbian 系统更新至 4.2 版本，Series 平台系统更新至 2.0 版本，Black Berry 平台系统更新至 3.6 版本。iOS 系统和 Android 系统是同步的，更新版本级别也是最高的，其他系统版本更新级别较低。

2. 从更新截止时间分析

iOS 系统更新至 2015 年 1 月 19 日，Android 系统更新至 2015 年 1 月 20 日，Mac 平台系统更新至 2014 年 11 月 10 日，Windows Phone 平台系统更新至 2014 年 12 月 1 日，Symbian 系统更新至 2013 年 2 月 1 日，Series 平台系统更新至 2013 年 10 月 21 日，Black Berry 平台系统更新至 2014 年 6 月 5 日。iOS 系统和 Android 系统均更新至 2015 年 1 月，而 Symbian 系统与 Series 平台系统更新时间一直停留在 2013 年，之后一直未再有更新版本，可以推断微信团队可能暂停了对

Syrabian 系统和 Series 平台系统的研究和合作。

3. 从更新版本的消息数量分析

iOS 系统更新信息数量为 35 条，Android 系统更新信息数量为 30 条，Mac 平台系统更新信息数量为 2 条，Windows Phone 平台系统更新信息数量为 22 条，Symbian 系统更新信息数置为 25 条，Series 平台更新信息数量为 4 条，Black Berry 平台系统更新信息数量为 13 条。iOS 系统和 Android 系统更新消息数量之和占了全部更新消息数量总和的 50%，说明微信团体一直对 iOS 系统和 Android 系统进行改进。

从以上三个方面分析内容可以得出，iOS 系统和 Android 系统是目前微信的主要移动承载平台，是微信团队的主要研究对象，也是微信用户主要使用的手机系统。这说明高校图书馆微信公众平台需要以 iOS 系统和 Android 系统作为主要的平台开发和兼容系统。例如，微信公众平台的自定义菜单创建接口实现的按钮类型中的扫码推事件等五类事件仅支持 iOS 系统 5.4.1 以上版本和 Android 系统 5.4 以上版本的微信用户，旧版本以及其他版本微信用户点击后不会有回应，开发者也不能正常接收到事件推送。

（二）系统稳定性

高校图书馆微信公众平台在开发过程中和后期运行维护过程中都需要考虑系统的稳定性，系统的稳定性保证了高校图书馆微信公众平台最大功效的发挥。系统的稳定性从中央处理器性能、内存性能、磁盘性能和网络性能四个方面来体现。因此，系统维护人员要经常查看当前系统内存的使用情况（包括系统中剩余及已用的物理内存、交换内存、共享内存和被核心使用的缓冲区）、系统调用的使用情况、中央处理器效率、内存进程活动和文件的读写情况，统计磁盘和 CD-ROM 的输入或输出信息，监控 TCP/IP 网络和路由表状况，以及网络连接和每一个网络接口设备的状态信息，并对服务器整体负载、系统的虚拟内存及进程、磁盘读写情况和网络相关信息的整体情况进行统计分析，以保证系统的稳定性。

（三）响应实时性

高校图书馆微信公众平台作为一个实时通信的平台，对服务器之间的响应时效有着高要求。微信服务器推送消息或事件给图书馆服务器时，微信服务器和图书馆服务器建立连接响应时间为 3 秒，微信服务器向图书馆服务器请求消息的响应时间为 5 秒，之后图书馆服务器对消息处理响应时间为 5 秒，任何一个环节超过规定的响应时间后，本次的用户操作和服务就会自动断开，但第一次断开之后，还可以进行两次请求。从以上具体数字可以看出响应时间之短、效率之高。这也充分体现了高校图书馆微信公众平台的实时性和高效性。

# 第二节　高校图书馆微信公众平台的设计

## 一、高校图书馆微信公众平台的总体设计

高校图书馆微信公众平台的开发应用流程如下：

第一，在正式注册之前，需要准备图书馆相关证明文件和资料，在注册的过程中需要填写相关信息，还需要决定平台的账号名称和功能介绍的文字内容。需要注意的是，账号名称填写后一旦提交成功是不能再进行修改的，所以对账号名称一定要认真斟酌之后再决定。另外，也需要制作出作为公众平台头像展示的具有图书馆象征性的图片。

第二，规划公众平台的主要功能模块。根据高校图书馆具有的功能以及提供的基本的和特色的服务来制定平台的功能模块，并将其做好分类和整理。

第三，进入微信公众平台官网进行注册，以图书馆官方邮箱作为注册邮箱，并设置密码，激活邮箱后选择公众号类型为服务号，再选择和填写主体类型，按照页面提示步骤和已准备好的文件资料填写所需信息，进行登记并完善公众号的描述信息后提交，等待审核。

第四，申请认证，升级为认证服务号，获得更多和更高级的接口权限。

第五，通过审核后即可登录微信公众平台进行编辑，在高级功能中可以选择建设平台的模式：编辑模式或开发模式。第一次登入的情况下两种模式均是关闭状态，且两种模式不能同时被开启，在一种模式开启的同时，另一种模式处于关闭状态。编辑模式开发过程相对简单一些，只需根据已提供的功能模块和提示步骤进行设置和修改便可完成平台的初步建设，编辑模式为无编程基础的使用者提供了很大的方便。开发模式较编辑模式要复杂许多，选择并开启开发模式，需要先注册、配置和搭建服务器，然后提交给微信服务器验证其有效性，验证成功后便可接入进行编辑。

第六，调试接口，测试公众平台。由于微信团队对平台不断地更新和升级，加上图书馆功能和需求的不断发展，图书馆微信公众平台也需要修改和更新，所以平台管理员和系统管理员在平台正式上线使用后需要定期对平台进行维护和更新。

开发高校图书馆微信公众平台是想将用户、资源和平台三者有效地融合在一起，开创一种新的高校图书馆服务平台。

## 二、高校图书馆微信公众平台的详细设计

### （一）功能模块分析

高校图书馆微信公众平台的功能模块是指自定义菜单中的功能模块，因为平台的主要功能均体现在自定义菜单功能项中。功能模块的设计需要让用户在使用时对高校图书馆微信公众平台的功能、内容一目了然，可从以下四个方面对高校图书馆微信公众平台的功能模块进行分析。

第一，微信团队对微信公众平台的整体界面设计进行了统一的规划和管理，所有的微信公众平台的主界面除了标题栏中账户名称和自定义菜单栏可以进行设计外，主界面其他功能（按钮）要进行统一规划，不能做任何更改。账户信息界面根据注册和认证时提供的资料详细程度不同所展现出的界面内容与功能均会不同。另外，微信团队要对微信公众平台的自定义菜单的一级菜单和二级菜单数目进行限制，一级菜单只能设计三个，每个一级菜单下可以设计 0 ～ 5 个二级菜单，最少可以不设计二级菜单，最多只能设计 5 个二级菜单。在拥有 1 个及以上的二级菜单的一级菜单的按钮图标中会附有二级菜单图片标志。菜单项命名规则为一级菜单最多可以设置 4 个汉字，二级菜单最多可以设置 7 个汉字，超出的部分会以"..."代替。

第二，高校图书馆微信公众平台可以选择订阅号或服务号来实现功能应用，而订阅号和服务号在功能和权限上具有差异。订阅号实现的功能相对简易，每天在消息显示窗口都可推送一条消息。服务号可以获得更多、更高级的功能权限，为功能的开发提供了坚实的基础，可以将更加完善的功能接入高校图书馆微信公众平台中开发，获得认证的服务号可以被开放更高级的功能权限。但是，服务号在整合功能模块以及在一级、二级菜单功能项选择上提出了相对高的要求，其每个月在消息显示窗口中可以推送 4 条消息。选择订阅号作为开发平台实现的功能较少，但推送消息频率高；选择服务号作为开发平台实现功能相对全面，但推送消息频率相对较低，需要在功能模块中专门设置推送功能。

第三，高校图书馆微信公众平台可以通过建立自定义菜单和使用 API 接口技术完成对功能的实现。这为将图书馆的功能引进微信公众平台提供了良好的技术基础和实现环境。公众平台的自定义菜单最多可以实现 15 个功能，这也能让图书馆的功能更好地接入平台中。九大接口、JS-SDK 技术和辅助系统可以让高校图书馆微信公众

平台对接、集成各种第三方应用或系统，让图书馆资源检索功能、用户管理功能、信息推送服务等都得以实现和运用。微信公众平台及二维码扫描技术让图书馆的用户服务和用户体验得到提升，关键字自动回复功能让用户咨询服务更加快捷，语音信息输送功能让信息交流过程更简洁，为用户使用图书馆资源和获得图书馆信息提供了方便。

第四，用户对高校图书馆微信公众平台主要有三个方面的功能需求：资源检索、用户管理、信息推送服务。

结合以上分析内容，通过对已注册、认证的高校图书馆微信公众平台的统计、分析和总结研究，并在这个基础上进行改进和创新，笔者选择认证服务号作为高校图书馆微信公众平台公众号类型，将高校图书馆微信公众平台的功能模块创新总结后分为三大模块：资源、用户、资讯与帮助。每个模块均包含 5 个二级菜单功能项，具体分类内容如下：

第一，资源模块所包含的二级菜单功能项有馆藏资源、数据库资源、电子资源、多媒体资源和学术发现。

第二，用户模块包含与图书馆用户相关的主要功能，其所包含的二级菜单功能项有绑定和解绑、借阅与续借、超期与罚款、用户预约和用户荐购。

第三，资讯与帮助模块所包含的二级菜单功能项有最新资讯、活动预告、存包柜查询、软件下载和联系客服。这五项二级菜单功能包含众多功能内容，其中最新资讯包含新闻公告、失物招领、新书和好书热门推荐、热门借阅推送、报纸杂志精选等信息；活动预告包含最新活动通知、讲座及公开课通知、展览预告等信息，联系客服包含咨询图书馆机构设置与功能区介绍、馆内和馆藏布局以及假期开闭馆通知等信息。

## （二）界面设计

1. 主界面

高校图书馆微信公众平台的主界面可以归纳为账户信息栏、消息（接收和回复）展示窗口和自定义菜单栏及多功能输入二合一综合功能栏三大部分。

在主界面中，笔者主要设计了账户名称和自定义菜单各项，其余功能项由微信公众平台统一规划和管理，具体介绍如下：

（1）账户信息栏

账户信息栏位于主界面顶部，包括退回至微信的返回按钮、微信公众平台账号名称和账户信息按钮，点击退回至微信的返回按钮可以退回至上一次操作的微信界面（微信消息列表界面或通信录公众号界面），点击账户信息按钮即可进入账户信息界面。在账户信息栏中部显示高校图书馆的名称。

（2）消息展示窗口

消息展示窗口也可以成为消息接收和回复展示窗口，位于主界面中间部分，它的作用是显示接收到和发送出的消息及历史消息。

（3）综合功能栏

综合功能栏位于主界面底部，这一栏包括两种类型的功能栏：自定义菜单栏和多功能输入栏。点击进入公众平台，点击后默认显示自定义菜单栏，若需要用多功能输入栏，则点击左边切换按钮。自定义菜单栏包括切换至多功能输入按钮和3个一级菜单项：资源、用户、资讯与帮助。在3个一级菜单下分别包括5个二级菜单项，这15个二级菜单项分别是馆藏资源、数据库资源、电子资源、多媒体资源、学术发现、绑定和解绑、借阅与续借、超期与罚款、用户预约、用户荐购、最新资讯、活动预告、存包柜查询、软件下载和联系客服。

多功能输入栏包括切换至自定义菜单按钮、语音和文本切换按钮、表情按钮和辅助功能按钮。点击切换至自定义菜单按钮即可转变为自定义菜单功能模式。切换至多功能输入模式时默认显示文本输入功能，点击文本输入框时，界面下方会向上弹出拼写区域。若需要用语音功能，则点击左边切换按钮，按住语音按钮可以编辑语音信息，松开语音按钮即可发送语音信息。点击表情按钮，界面下方会向上弹出表情选择对话框。点击辅助功能按钮时，界面下方会向上弹出其他功能选项，包括照相、拍摄、小视频、位置、收藏、名片和语音输入等。

2.账户信息界面

账户信息界面与主界面一样由三大部分组成，顶部是账户名称栏，中间部分是账户主要的信息内容和功能，底部是"进入公众号"按钮。

（1）账户名称栏。账户名称栏位于账户信息界面顶部，包括返回该公众号主界面的"返回"按钮、账户名称和辅助功能按钮。点击辅助功能按钮，界面下方会向上弹出辅助功能菜单，辅助功能菜单项包括"推荐给朋友""举报""清空内容""不再关注"和"取消"。

（2）内容和功能展示部分。这一部分包括头像名称、功能介绍、账号主体、客服电话、接收消息、提供位置信息功能按钮、客服人员、查看历史消息和查看地理位置。头像名称涵盖微信公众号的头像图片、账号名称和微信号，头像图片一般是高校的校徽图片、图书馆的全景图片或自制的与图书馆和本校有关的具有象征性的图片。功能介绍是对该图书馆微信公众平台的简要介绍。账号主体包含二级界面，主要是隶属的高校图书馆微信认证信息，包括机构类型及机构有效期、认证时间和电话号码。点击客服电话一栏后，页面会弹出询问是否拨打此客服电话的对话框。接收消息按钮是关注用户用来开启或关闭接收消息功能的开关，默认情况下是开启状态。提供位置信息功能按钮开启后可以将用户所在的地理位置上传给图书馆，查看地理位置功能可以为用户提供图书馆地理位置，两个功能相结合可以为用户提供导航信息，引导用户前往图书馆。通过"查看历史消息"，用户可以查看往期所推送的消息，具体是在在"查看历史消息"的二级界面中查阅往期消息。"查看历史消息"的二级界面风格统一，由两部分组成：标题栏和消息列表。标题栏包括"返回"按钮、标题和辅助功能按钮，点击返回按钮可以返回账户信息页面，点击辅助功能按钮则会在下方弹出辅助功能对话框。查看地理位置的二级界面是由腾讯地图显示的图书馆的具体位置地图，点击二级界面的右上角的辅助功能按钮后，可以实现更多功能。

（3）点击"进入公众号"按钮，即可进入高校图书馆微信公众平台主界面。

**（三）功能设计**

根据以上功能模块分析，从资源检索、用户管理和信息推送服务三个方面对资源、用户、资讯与帮助 3 个一级菜单项下 15 个二级菜单项功能进行设计介绍，详细功能设计如下：

1. 资源检索

（1）馆藏资源检索

设计"馆藏资源"功能的主要目的是为平台用户提供馆藏资源检索功能。此功能可以用来检索图书馆馆藏的期刊和书籍。馆藏资源检索功能的设计方法在平台中并不是单一的，可以通过四种方式实现馆藏资源检索功能的设计：扫码检索、跳转高校移动图书馆馆藏检索网页查询馆藏资源、语音输入找书和关键词输入检索馆藏资源。

①扫码检索

扫码检索是指利用二维码或条码扫描解码技术扫描查询书目条码后进行检索。将"馆藏资源"二级菜单按钮设置为 scancode_push 或者 scancode_waitmsg 类型按钮，调用微信附带的二维码或条码扫描和解码设备，再由此设备解码后将解码结果发送给图书馆服务器进行处理，最后返回结果。如果为本校图书馆藏书，则会返回"馆藏查询结果"消息，其内容包括查询书籍馆藏地点、馆藏状态等信息；如果非本校图书馆藏书，则会返回"无此馆藏记录"消息。

②跳转高校移动图书馆馆藏检索网页查询馆藏资源

设计此方式是想将用户、高校图书馆微信公众平台和移动图书馆或掌上图书馆联

163

系起来，让高校图书馆微信公众平台成为用户和移动图书馆之间的桥梁。将"馆藏资源"二级菜单按钮设置为 view 类型按钮，将此按钮在平台开发后台所需填写的链接地址填为高校移动图书馆馆藏检索网页地址即可实现功能设计。点击"馆藏资源"按钮菜单项进入移动图书馆馆藏查询页面，在移动图书馆或掌上图书馆不仅可以检索馆藏资源，还可以检索期刊等资源。

③语音输入找书

语音输入找书又称为语义理解找书，是通过多功能输入栏中的语音输入功能来检索馆藏资源，利用语音发送图书名或作者名来进行对发送的语音信息所包含的自然语言进行结构化解析，从而检索出所要查找的馆藏资源。设计此功能需要先开通平台语言识别功能，并接入语义理解接口。通过微信语音识别功能得到用户的语音信息之后，经过语义分析和理解，获得用户需求，及时自动回复用户。例如，通过语音输入功能发送书名或作者名，得到自动回复确认消息和检索结果，点击检索结果标题后进入检索结果页面或书名详细信息页面。

④关键词输入检索馆藏资源

这是指利用多功能输入栏中的文本输入功能输入关键词（可以是图书名或作者名）后，微信公共平台服务器对获得的文本自然语言进行结构化解析，再自动回复检索结果，完成检索馆藏资源过程，从而检索出所要查找的馆藏资源。设计此功能应先获取平台接收普通消息接口，并接入和结合语义理解接口，通过微信基本文本消息收接收功能得到用户的文本信息之后，经过语义分析和理解，获得用户输入的具体信息，及时自动将检索结果回复用户。

在这四种方法中，语音输入找书和关键词输入检索馆藏资源两种方法是直接对主界面中多功能输入栏中语音输入功能和文本信息输入功能实施接口对接设计，直接可以实现语义理解功能，不影响自定义菜单栏中的功能项设计，可以说语音输入和关键词输入是对自定义菜单功能项的补充。扫码检索和跳转高校移动图书馆馆藏检索网页查询馆藏资源两种方法均需要设计在自定义菜单二级菜单项中，两者功能相同，但检索形式、范围和内容有所不同：扫码检索方法虽然操作简单，但是检索形式和内容过于单一；跳转高校移动图书馆馆藏检索网页查询馆藏资源法检索范围和内容更加丰富。

（2）数据库资源查询

设计"数据库资源"功能的主要目的是为平台用户提供数据库资源查询功能。将"数据库资源"二级菜单按钮设置为 view 类型按钮，将此按钮在平台开发后台所需填写的链接地址填为高校图书馆数据库查询网页地址即可实现功能。点击"数据库资源"按钮菜单项进入高校图书馆网站中数据库查询页面，直接使用数据库资源。此功能可以用来查询图书馆已有的中文数据库、外文数据库和使用数据库资源。数据库资源是图书馆资源中的一个重要组成部分，也是图书馆资源中不可或缺的一部分，所以设计此功能的价值非常大。

（3）电子资源利用

设计"电子资源"功能的主要目的是为平台用户提供电子资源利用功能。将"电子资源"二级菜单按钮设置为 view 类型按钮，将此按钮在平台开发后台所需填写的链接地址填为高校图书馆电子资源列表网页地址即可实现功能。点击"电子资源"按钮菜单项进入高校图书馆网站中电子资源页面，直接使用电子资源。此功能可以方便用户阅读和利用图书馆所拥有的电子期刊和电子图书资源。电子期刊和电子图书在图书馆中有着举足轻重的地位，也是图书馆资源中不可或缺的一部分，所以设计此功能的价值非常大。

（4）多媒体资源共享

设计"多媒体资源"功能的主要目的是丰富平台用户对资源利用的形式和内容。将"多媒体资源"二级菜单按钮设置为 click 类型按钮，在此功能按钮平台开发后台中添加编辑完成的图文信息，并对图文信息增添网页链接地址，跳转到高校图书馆多媒体资源列表网页即可实现多媒体资源播放。点击"多媒体资源"按钮菜单项，即时获得图文信息自动回复，再点击单个多媒体图文信息进入高校图书馆网站中多媒体资源页面，点击多媒体资源进行播放。此功能可以方便用户对图书馆所编辑和整理完成的音频、视频等多媒体资源进行播放、观看和利用。多媒体资源是图书馆人文资源中不可或缺的一部分，所以设计此功能的价值非常大。

（5）学术发现系统

此功能可以方便用户通过移动设备对高校学术资源发现系统实现即时利用。将"学术发现"二级菜单按钮设置为 view 类型按钮，将此按钮在平台开发后台所需填写的链接地址填为高校图书馆学术资源发现平台网站网页即可实现功能。点击"学术发现"按钮菜单项进入高校图书馆学术资源发现平台网站页面，直接可以利用学术资源发现平台。

2. 用户管理

（1）信息绑定与解绑

设计"绑定和解绑"功能的主要目的是为平台用户更好地、更有效地管理平台账户信息提供方便，并在此功能实现的基础上，对后续的借阅与续借功能、超期与罚款查询功能、预约功能和荐购功能进行设计。将"绑定和解绑"二级菜单按钮设置为click类型按钮，通过接口将微信公众平台服务器与图书馆集成管理系统相连接，并通过接口将类型为event的消息结构推送给图书馆集成管理系统，使用户的微信账户、一卡通账号或读者证号实现绑定和解绑。用户在平台中进行的所有与账户相关的操作都必须先绑定、登录后才能执行。账户号和密码是利用PHP程序发送POST请求并通过验证后，图书馆服务器以JSON格式返回的相应的代码。功能项的设计顺序是先要完成绑定操作后才能操作解绑功能。此功能可以方便绑定成功的用户通过移动设备即时查询图书馆账户信息。

（2）用户借阅与续借管理

设计"借阅与续借"功能的目的是让用户实现随时查询借阅信息和进行续借操作。将"借阅与续借"二级菜单按钮设置为click类型按钮，通过消息接口将微信公众平台服务器与图书馆集成管理系统相连接，通过绑定的微信账户调取对应的图书馆账号。借阅功能可查询的项目包括书目信息、索书号、条码号、借阅状态、借阅时间和到期时间。续借功能可执行的内容包括书目信息、索书号、条码号、借阅状态、借阅时间、到期时间、续借次数和续借到期时间以及续借按钮。此功能可以方便绑定成功用户通过移动设备即时查询借阅信息和实现续借功能。

（3）用户超期和罚款查询

设计"超期和罚款查询"功能的目的是让用户实现随时查询超期情况和罚款信息。将"超期与罚款"二级菜单按钮设置为click类型按钮，通过消息接口将微信公众平台服务器与图书馆集成管理系统相连接，通过绑定的微信账户调取对应的图书馆账号，查询其借阅超期情况，如果借阅超期会显示超期时间和所需缴纳罚款数额。通过此功能可以方便绑定成功用户通过移动设备随时查询借阅超期信息和所需缴纳罚款数额。

（4）用户预约管理

设计的"用户预约"功能可以实现座位查询、座位预约和研究室预约三个功能，设计的目的是让用户可以直接通过高校图书馆微信公众平台随时查询图书馆内空闲座位情况，预约座位和研究室。将"用户预约"二级菜单按钮设置为view类型按钮，将此按钮在平台开发后台所需填写的链接地址填为已经开发完成的预约功能选择网页地址，该网页上有三类功能按钮可以选择点击：座位查询、座位预约和研究室预约。该网页在Drupal开发平台中设计，Drupal中的接口分别对接这三个功能。①座位查询：利用Drupal中的接口对接图书馆座位管理系统，点击"座位查询"后就可调用系统中的数据，返回消息给用户参考，方便用户随时、高效地利用座位资源。②座位预约：利用接口对接图书馆座位预约系统并同时调用用户账号绑定信息，点击"座位预约"后就可实现预约功能，确定预约信息后与用户微信账号相关。③研究室预约：利用接口对接图书馆研究室预约系统并同时调用用户账号绑定信息，点击"研究室预约"后就可实现预约功能，确定预约信息后与用户微信账号相关。

（5）用户荐购

设计"用户荐购"功能的主要目的是为平台用户更有效地获得书籍、期刊或数据库资源提供渠道，同时图书馆工作人员可以向不同类型用户推荐图书并购买用户所需图书。将"用户荐购"二级菜单按钮设置为 click 类型按钮，通过消息接口将微信公众平台服务器与荐购系统相连接，调用图书馆荐购系统，并设计荐购资源到馆消息自动提醒功能，通过用户分组接口进行用户分组管理，以用户绑定的账号类型为分组基础，自动向不同类型用户推送荐购资源到馆消息。平台用户可以在第一时间获得相关信息，获得更便利的使用体验。

3.信息推送服务

（1）最新资讯服务

设计"最新资讯推送"功能的主要目的是让平台用户获得更多的图书馆最新信息。将"最新资讯推送"二级菜单按钮设置为 view 类型按钮，将此按钮在平台开发后台所需填写的链接地址填为高校图书馆资讯信息列表网页地址即可实现功能。点击"最新资讯推送"按钮菜单项进入高校图书馆网站中资讯信息列表页面，直接点击查看各类消息。用户利用移动设备可以随时随地查看图书馆最新信息。

（2）活动预告

设计"活动预告"功能的主要目的是让平台用户获得相关的图书馆最新活动信息。将"活动预告"二级菜单按钮设置为 view 类型按钮，将此按钮在平台开发后台所需填写的链接地址填为高校图书馆活动信息列表网页地址即可实现功能。点击"活动预告"按钮菜单项进入高校图书馆网站中活动信息列表页面，直接点击查看各类活动预告通知和简介。用户利用移动设备可以随时随地查看图书馆最新活动。

（3）存包柜查询

设计"存包柜查询"功能的主要目的是为平台用户提供存包柜使用情况查询服务。将"存包柜查询"二级菜单按钮设置为 click 类型按钮，通过消息接口将微信公众平台服务器与存包柜管理系统相连接，调用存包柜管理系统数据，回复用户查询结果。该功能可以让用户便利地使用存包柜并达到存包柜资源利用率最大化。

（4）软件下载

设计"软件下载"功能的主要目的是为平台用户集成一个全类型的应用软件下载平台，包括移动图书馆客户端、中国知网手机客户端、高校移动校园客户端等各类移动应用的下载，以及 CAJ 全文浏览器、维普全文浏览器等各类文件格式浏览器的下载。先将所有提供给用户下载的应用软件安装包集成在图书馆软件下载网页中，再将"软件下载"二级菜单按钮设置为 view 类型按钮，将此按钮在平台开发后台所需填写的链接地址填为高校图书馆软件下载网页地址即可实现功能。点击"软件下载"按钮菜单项进入高校图书馆网站中软件下载页面，直接点击各类软件下载链接进行下载安装。

（5）联系客服

设计"联系客服"功能的主要目的是为平台用户提供可以咨询、获取帮助的渠道。利用多客服接口，以 POST 的方式把消息发至 URL 上，或响应返回 transfer_customer_service 消息，即可连接至多客服系统。多客服系统接收信息后，消息将会自动分发给其中一个在线客服，或直接分发给指定的客服，用户与客服建立连接后，在此次会话被关闭以前，用户发出的消息均被直接传送至客服系统。在会话超过 2 小时客服还没有关闭时，微信服务器会自动停止转发至多客服，而将消息恢复发送至开发者填写的 URL 上。用户在等待队列中时，用户发送的消息仍然会被推送至开发者填写的 URL 上，客服系统稍后会进行处理。

通过以上对功能模块的分析和对功能设计的介绍可见，在高校图书馆微信公众平台中一共可以应用 15 个具体功能。

## 第三节　高校图书馆微信公众平台的运营与维护

高校图书馆微信公众平台的运营与维护是将平台投入使用后需要进行的工作。本节从高校图书馆微信公众平台运维团队、工作内容与流程、数据管理、安全维护这四个方面对高校图书馆微信公众平台的运维工作进行具体分析和阐述。

### 一、高校图书馆微信公众平台运维团队

运营和维护一个高校图书馆微信公众平台需要各方面专业的人员组成一个分工清晰的团队，只有这样，才能更好地让高校图书馆微信公众平台服务平台用户。根据用

户角色及对平台总体设计和功能模块的分析和总结，笔者从信息推送、信息交互、平台维护和推广、数据管理四个方面对运维团队的人员组成进行分析。

首先，信息推送是高校图书馆微信公众平台实现的基本功能，也是用户使用高校图书馆微信公众平台获得的最基本的服务体验。推送的信息内容和形式不仅包括文字、图片，还有音频、视频等多媒体信息。因此，每条信息的推送需要文字编辑人员、图片编辑人员、多媒体编辑人员和系统维护人员的通力合作才能完成。

其次，从信息交互的角度来分析，高校图书馆微信公众平台是一个即时通信的平台，这就需要进行在线实时回复或系统自动回复，需要客服人员和系统维护人员实时、及时地对用户进行回复。

再次，平台在开发完成、正式上线使用后，需要将高校图书馆微信公众平台推广出去，让学校的师生和职工都能了解、熟悉并使用平台，这就需要平台推广人员。要保证平台的正常运行，并在平台出现故障时及时解决问题，恢复系统，这就需要系统维护人员发挥作用。

最后，用户反馈的问题和用户的行为都是值得研究的，对用户的问题和使用行为数据进行备份、挖掘、统计和分析对平台更好地发展至关重要。所以，还需要数据管理人员发挥作用，具体分为数据备份人员、数据挖掘人员和数据统计分析人员。

依据以上分析，运行和维护高校图书馆微信公众平台需要五大组别部门：素材编辑组、客服组、平台推广组、数据管理组和系统维护组。这五大组别部门具体包括九类工作人员：文字编辑人员、图片编辑人员、多媒体编辑人员、客服人员、平台推广人员、数据备份人员、数据挖掘人员、数据统计分析人员和系统维护人员。在这九类工作人员的共同努力下可以更好地运维高校图书馆微信公众平台。

## 二、运维工作内容与流程

### （一）运维工作内容

运维工作主要由平台推广人员、素材编辑人员、客服人员、数据管理人员、系统维护人员五类工作人员负责，现分别研究每类工作人员的工作内容。

1. 平台推广人员

平台推广人员主要负责将图书馆微信公众平台宣传、推广给高校用户，让学生和教职工能熟悉并使用此平台。特别是在每年新生入学时，需要将图书馆微信公众平台推广给新入学的学生。

2. 素材编辑人员

素材编辑人员分为文字编辑人员、图片编辑人员和多媒体编辑人员，主要负责两方面工作。第一，主要是对各种素材进行加工、编辑和整理。文字编辑人员的主要工作内容是对所有所需推送信息中的文字资料进行撰写、编辑和整理；图片编辑人员的工主要作内容是对所需推送信息中的图片资料进行制作和编辑；多媒体编辑人员的主要工作内容是对所需推送信息中的音频、视频资料进行制作、加工和编辑。第二，将编辑整理完成的需推送的信息通过系统后台在客户端发布，让用户获知最新信息。

3. 客服人员

客服人员的工作内容包括两个方面：第一，主要负责与用户线上和线下交流及交互，对用户咨询的问题做出及时回复；第二，将问题进行整理后反馈给系统维护人员作为对系统改进和维护的参考资料。

4. 数据管理人员

数据管理人员的工作内容包括两个方面：第一，通过微信公众平台后台提供的统计功能进行数据挖掘、统计和分析，内容包括用户、图文、消息和接口四个方面，将分析得出的结果写成分析报告，再将数据备份；第二，统计分析人员需要将总结的分析报告提供给系统维护人员作为对系统改进和维护的参考资料。

5. 系统维护人员

系统维护人员的工作内容包括两个方面：第一，对平台系统进行日常维护，保证系统正常运行；第二，对客服人员总结并反馈的用户所咨询的问题材料进行分析，并结合数据管理人员提供的平台数据统计分析和用户行为分析报告对平台进行改进和完善。

（二）运维工作流程

在以上对各类工作人员的具体工作内容进行研究后，可以总结出运营和维护高校图书馆微信公众平台的工作流程。高校图书馆微信公众平台运行的第一步是推广平台，让师生及职工熟悉并使用此平台。在此基础上，素材编辑人员将各类需要推送的素材制作并编辑完成，在平台客户端进行消息发布和推送。用户在获知信息和使用平台功能后对相关问题进行咨询，此时由客服人员与用户进行交流，并将问题进行整理后反馈给系统维护人员。同时，数据统计分析人员将每天高校图书馆微信公众平台后台对用户使用平台后产生的用户、图文、消息和接口四个方面的统计信息进行总结，写成分析报告。数据挖掘人员对用户使用行为数据进行挖掘，将结论整理为用户行为报告，并将以上两类分析报告提供给平台系统维护人员。数据备份人员对以上数据进行备份。平台系统维护人员对客服人员和数据管理人员的资料进行研究，以此为参考基础，改进和完善平台功能和性能。

## 三、数据管理

### （一）数据统计分析

经过数据统计分析后可以直接提供可视化的分析结果，可以反馈、发布最大时间跨度内的详细数据。数据统计分析人员从用户分析、图文分析、消息分析和接口分析这四个方面统计分析结果并进行记录，可以了解用户对哪些平台内容和功能利用频率高，对平台各方面情况进行监控、调整和完善。

### （二）数据挖掘

数据挖掘的主要目的是分析用户在检索时输入的关键词和查阅的内容，如篇名、责任人和主题词等，挖掘每位用户的检索习惯和使用习惯，并通过挖掘这些数据分析用户所需，为用户推荐和提供更好的服务，挖掘用户访问平台的数据日志，再从中分析提取用户的特征，通过分别推送信息实现个性化的推荐服务，满足用户动态信息需求，根据用户行为、偏好和背景信息等，为用户提供更贴近需求的服务，将被动服务转化为主动服务。

### （三）数据备份

数据备份是平台运维的关键工作之一，需要备份的数据包括用户数据库数据、平台访问相关数据日志、挖掘数据及系统更新和维护日志等。通过对以上数据的备份，尤其是用户访问平台的相关数据备份资料，可以为系统维护人员进行系统安全维护提供基础参考资料。

平台系统人员根据以上这些指标和数据，可以更全面、更深入地丰富平台的功能并完善平台的性能，进行综合统计分析工作，进一步提升平台整体功能，给用户更好的使用体验。

## 四、安全维护

随着高校图书馆微信公众平台d 不断更新和发展，其附载的功能和数据逐渐增加，用户信息数据的安全需要进行维护，这就对平台服务器和图书馆系统安全提出了更高的要求，如果服务器资源不能匹配平台功能的需求，就很容易造成平台的瘫痪，导致用户不能正常使用图书馆微信公众平台，所以保持服务器资源更新并进行安全维护是非常重要的。图书馆微信公众平台的开发者需要时刻关注服务器状况、接口报警提示，并结合报警提醒类型和得到的数据分析来维护服务器的正常运作。用户输入的信息会先被进行合法性检查，如果不合法，系统就会发出错误提示并取消此操作，从而最大限度地保证数据的安全，保证系统的稳定。

# 第七章　智慧时代高校图书馆管理与服务创新的融合发展路径

## 第一节　"以人为本"管理与服务的融合发展

随着 21 世纪科技的高速发展，人类进入以知识为主宰、重视人才的全新时代，社会发展的现代化、知识化和信息化要求图书馆实行人本管理。人本管理强调以人为中心，把人作为管理的主要对象，发挥人的主观能动性、创造性是管理工作的重要任务。

图书馆的人本管理包括两个方面的内容：一是以读者为对象的人本管理（亦称用户管理）；二是以图书馆员为对象的人本管理（亦称内部管理）。我们既要重视以馆员为本的管理，又要重视以读者为本的服务，管理和服务是辩证统一的，两者融合发展。

从古至今，图书馆管理在经营理念上经历了由"以事为本"到"以人为本"的发展与变化，表明图书馆管理已由被动服务向主动服务转变。

"以人为本"是我国企业在学习和借鉴西方管理经验时于 20 世纪 80 年代后期引入的企业文化。最先独创"以人为本"企业管理文化的是 20 世纪 70 年代末 80 年代初的日本。在企业管理活动中，"以人为本"的含义是通过以人为中心的管理活动和以尽可能多的实践来锻炼人的意识、脑力和体力，通过竞争性的生产、管理和经营活动完善人的意识和品格，提高人的智力，增强人的体力，使人获得超越生存需要的更全面的自由发展。在图书馆管理中，"以人为本"的含义可引申为通过以人（包括读者用户和图书馆馆员）为核心的管理，满足人各方面的信息需求，在不断挖掘人的潜能、激发人的主动性和创造力的过程中实现人的价值，达到放大图书馆功能的目的。这个管理理念被引入图书馆是知识经济时代带给图书馆的新思维和新理念，也是图书馆管理创新的必然趋势。

## 一、实施以人为本管理的必要性

图书馆管理的主要目的是增加社会效益和经济效益，以放大图书馆功能，满足社会对图书馆所提出的各种需求。放大图书馆功能是针对图书馆自身发展的直接目的，满足社会各界不断发展变化的文献信息需求则是间接的、面向社会的目的，为此图书馆必须转变管理模式，实施以人为本的管理。

第一，在图书馆建筑布局上，从读者和图书馆馆员出发，将人文关怀放在第一位，既达到方便读者的目的，又能让馆员在舒适的工作环境下以饱满的工作热情充分发挥自身潜能，体现个性化的创新精神。

第二，传统的图书馆"坐等读者"，好些的最多做到"有求必应"，但是在信息时代，这种模式是适应不了发展的。唯有将图书馆的宗旨"一切为了读者，为了读者的一切，为了一切的读者"发扬光大，开展多层次、多元化服务，千方百计地调动读者利用图书馆的积极性，才能让他们依赖图书馆，热爱图书馆，支持图书馆事业。图书馆馆员也会因此增强信心和责任感，感觉到自身价值的存在而激发主动性和创造力。

第三，图书馆在网络时代要生存发展，仅有性能优越的计算机等现代化设备，而没有既懂现代化信息技术，又懂图书馆专业知识的、有正确的人本观、具备信息素养的图书馆员担当图书馆自动化系统的建设者和维护者，成为信息资源与用户的桥梁和纽带，图书馆的服务质量必定大打折扣，发展必定受到影响。

第四，图书馆馆员同样有各方面需求，馆长应在工作、学习、生活等方面关心、爱护、帮助他们，充分体现领导者的领导素质，加强沟通和交流，让图书馆馆员有盼头、有想头、有奔头，激发馆员参与图书馆建设的热情，形成一股推动图书馆事业发展的洪流。

毛泽东曾指出："一切物的因素只有通过人的因素才能加以开发利用。"图书馆以人为本管理就是围绕着人这一核心，努力从方方面面为读者、图书馆馆员创造"家"一样的感觉，激发社会各界对图书馆事业的支持，使馆员的创造能力、现代信息技术能力和服务能力得到发挥，促进图书馆事业的可持续发展。

## 二、以人为本管理模式的设想

### （一）图书馆建筑布局是直观表现

我国图书馆建筑应以《图书馆建筑设计规范》（JGJ 38—2015）为参考标准，宜庄重、典雅、朴素、自然，有喷泉、花圃草地、洗手池、直饮水设备，馆内设计以透明、宽敞为主，力求采光充足。可在大厅的合适位置装饰知名人士像、科学家像、绘画作品等，突出人文、艺术气息，让读者品出另一番生活情调。设置摆放有沙发、花木盆景、茶座、饮水机等设施的休闲处，方便读者讨论问题、聊天以放松紧张的学习心情，使读者感觉图书馆是一个学习和娱乐相结合、可提高文化艺术和科学修养的好去处，增强学习与探索知识的欲望。

在馆内适当位置设置图书馆的布局图、读者须知等，指导读者利用图书馆。安置足够数量的馆藏机读目录检索用机，机旁附上检索说明，采取人、机、书一体化模式，让读者以最短时间获取馆内最多的信息，满足读者需要，体现以人为本的服务。考虑到图书馆网络化发展，需要借助性能高的计算机设备才可利用的附有光盘的印刷型文献、磁带等视听音像资料在逐年增加，可将多媒体室面积扩大，在其中分设能真正放大图书馆多媒体功能的"多媒体"服务区，如多媒体文献资源保藏区、听力使用区、视听资源使用区、管理服务区，并增设无线网络接口，为携带笔记本电脑的读者提供便利。在图书馆走廊等人流区摆设适量触摸屏，让读者随时查知天气、交通等方面的信息，使不同层次的读者在文化氛围浓重的图书馆里也能获取贴近日常生活的即时信息。

图书馆馆员的工作用房应宽松舒适，安置相应的工作设备，方便馆员学习、工作，这样更能激发他们的工作热情和创造力。注重图书馆环境的优化，设计出能放大图书馆功能的现代化建筑，是实现以人为本管理的实体环境的需要，对图书馆的发展会产生重要的影响。

以人为本的管理理念被很好地运用于读者服务中，充分表明图书馆馆员对读者服务认识的深化、对读者价值和权利的认同，体现了图书馆员工馆员对读者人文关怀的感悟。

### （二）满足读者需求

第一，重视读者需求。读者是以人为本管理的对象之一，图书馆开放的各项工作都是以他们的需要为基础的。1931 年，印度图书馆学之父阮冈纳赞提出了图书馆学五定律：图书是为了利用；图书馆为一切人而存在；给读者所有的书；节省读者的时间；图书馆是一个发展着的有机体。前四项是以人为本思想的具体化，充分揭示了图书馆把重视并尽可能满足读者的需求作为图书馆馆员的行业精神，体现了图书馆的人文精神。图书馆馆员应将自己阳光般的微笑服务和敬业精神呈现于读者面前，做他们的朋友，尊重、信任和关心他们，这是馆员与读者建立诚信关系的基石。

第二，研究读者需求。不同性质的图书馆具有不同的读者群，区别对待不同读者，为他们提供适当的服务并不容易，这需要图书馆馆员具备较高的信息素养，能与读者用户加强交流，深入了解他们的需求，掌握他们的个性特点，参与到他们的研究课题中，想在他们之前，为他们提供满意的特色服务，做到"馆员提高能力，读者十分满意"，升华图书馆的形象。

## 三、建立合理的文献资源体系和科学运行机制

在藏书流通过程中，通过对借阅情况的调查统计，突出重点科目，优化藏书质量，建立特色馆藏，更好地利用馆藏资源，实现"人—书—人"的良性循环。

在读者反馈机制中，可以通过图书馆规章制度公开化、设立留言簿、购书本、图书馆主页上的"读者意见箱"、面对面咨询台等，听取读者呼声，广泛收集能促进图书馆各方面工作改善的建议，形成馆员和读者之间的互动型服务，提高图书馆的价值和效益。

读者依靠所获服务，创造属于自己的财富，实现自身价值，反过来又把利用的结果反馈给馆员，馆员以此为动力，不断协调和改进工作，图书馆事业因此充满活力，得到可持续发展。

### （一）网络信息资源的共建共享是条件

21 世纪的图书馆是以传统图书馆为基础，结合数字图书馆，运用各种现代化技术实现信息一体化存取，为用户提供馆内和网络两种服务的复合型图书馆。此类型图书馆所需技术、设备可以引进和积累，但人文关怀可以吗？技术、设备实际上并不与读者方便获取信息成正比。先进设备只是提高管理效率及完善系统性能的重要工具，并不会分辨对读者有用或无用的信息。具备信息素养的图书馆馆员应通过各种信息技术手段全方位收集信息，进行信息生产、加工、贮存、检索、传输、利用等工作，运用现代信息技术能力进行高效率的集成化信息过滤和信息引流，将显性知识与自己的隐性知识相结合，通过信息整合，产生创新知识，成为读者的信息"导航员"。为体现以人为本思想，应建立界面友好的图书馆主页，开辟"新书导读、馆际互借、课题咨询、专题讲座、参考咨询、学科馆员、馆藏借阅、科技查新、用户培训、特藏服务、查收查引、视听服务、电子资源服务"等栏目（检索途径）。为满足读者的科研需求，

在条件许可的前提下，尽可能加大引进各种全文数据库的力度，如引进中国期刊全文数据库、维普全文数据库、中国优秀博硕士学位论文全文数据库、中国重要报纸全文数据库、SCI 数据库等，让读者充分感受"足不出户，不费口舌，随心所欲获取需要的信息"的人文关怀，从根本上改善传统图书馆文献信息保存管理、传播利用的方式和手段，使"家"的范围超出实体的图书馆，让文献信息资源在网络环境下得到最有效的利用和共享。

### （二）以人为本的人力资源管理是核心

图书馆人力资源的管理与开发有赖建立一种有利于吸引、稳定、激励人才的机制和有利于优秀人才成长的氛围。要将人力资源的潜力转化为现实发展的优势，需要采取有效的措施，创造有利于人才辈出、人尽其才的环境，特别是要注重人力资源开发，加强馆员能力的培养。

1.制定有效的管理机制

图书馆传统服务观念在某些馆员身上表现出一种惰性，为适应时代发展，打破平均主义，形成全员奋发向上的朝气，有必要以人为本，做好人的思想工作，通过压力机制、竞争机制、激励机制来规范馆员的行为，使馆员在平等竞争中感觉到尊重和信任，激发学习、工作的热情，激发主动性而不断有所创新。

2.加强馆员的能力培训

培训是壮大图书馆内部复合型人才队伍的有效途径之一。通过建立正常的继续教育培训制度，明确培养方向，激励馆员参加符合需要的成人教育、自学考试、图书情报方面的函授等；开展或外出参加业务学术交流活动，支持馆员参加计算机网络技术、外语等方面的学习考试，改善人员结构，提高馆员的服务能力、创新能力、现代信息技术能力以及综合素质，以适应时代潮流。

3.优化配置人力资源

因为图书馆复合型人才不多，所以需要从尊重人的个性化特征出发，了解人的所能所长，结合培训效果，实行层级管理，大胆用人，合理配置部门管理人员、计算机设备维护人员、业务流程管理人员、多媒体信息管理人员、检索人员，让他们在适合自己的岗位上充分发挥潜能，在管理者的协调下互相配合，最终提高图书馆工作水平。

## 四、实现以人为本管理的对策

### （一）领导重视，提高认识

图书馆事业的发展少不了资金的大量投入，所以图书馆要重视对外交流，树立良好的形象，以取得上级部门、领导和社会各界的支持，争取资金投入，搞好图书馆的硬件建设；重视把品德、知识、能力、业绩作为衡量图书馆馆员的主要标准，做到在业务上精心培养，工作上放手使用，政治上正确引导，管理上注重激励，事业上充满希望。

**（二）统筹规划，分步实施**

图书馆工作是一个系统工程，必须充分考虑到以人为本理念的基础地位，有计划地规划人力、物力、财力，以达到最有效利用，并对此做出决策。协调管理主体、以人为本管理对象、管理中介的关系，有机结合管理中各环节，更好地服务读者。协调好馆内正式组织与非正式组织的人际关系，消除或减少不良的非正式组织对正式组织的破坏性消极作用，营造良好的组织环境。实行全员管理聘用制，制定合适的选拔、培养、任用、调配、激励等策略，增强馆员的责任感。

**（三）加强学习，提高素质**

在复合型人才紧缺的情况下，图书馆馆员应该树立正确的终生教育观，通过多形式、多渠道、多途径学习新知识、新技能，不断完善自己和超越自我，提高自身素养，从而提高整体素质。

**（四）读者参与，民主管理**

读者、图书馆馆员都是图书馆事业发展的主体，也是以人为本的管理对象。图书馆馆员要把图书馆规章制度作为行动准绳，实行服务手段、服务行为、服务方式的规范化管理，多服务、少障碍，对读者一视同仁，平和读者心态，提高他们利用图书馆的主动性和主体意识，在读者求知、馆员供需、读者反馈、馆员再创造的循环中处理好馆员与读者的平等、和谐、民主关系，共同维护图书馆管理秩序。

图书馆能否产生并保持良好的社会声誉及效益，得到可持续发展，关键在于以人为本管理模式的构建，特别是要开展好服务工作和造就一批具有活力的图书馆馆员。图书馆馆员的技术开发能力、创造能力、服务能力是任何高新技术都无法替代的，他们已构成图书馆最大的隐形资产，形成图书馆可持续发展的巨大而持久的推动力。面对迅猛兴起的网络新环境，图书馆要实施以人为本管理，放下包袱，轻装上阵，充分发挥自身优势，在竞争中抢占制高点，只有这样，才能争得自己的一席之地。

# 第二节　高校图书馆管理与服务能力提升的路径

"服务也需要管理"的理念是企业良好发展的重要理念，应用于高校图书馆管理和服务创新也是适用的。

## 一、要持续完善服务规范和标准

如果把服务人员的职业素质、对客户体验的理解程度视为服务软件，那么服务规范和标准就是服务的硬件。如同庆丰包子铺为了保障包子质量，馅料要统一配送一样，电信营业厅从装潢到功能区设置、柜台高低、销售人员多少也都有明确标准和规范。尽管这些都是服务的硬件部分，但其对消费者的体验和感知起着重要的作用。试想，一个柜台高筑、环境脏乱的营业厅怎么可能引起客户的消费欲望呢？其实，从改革开放到现在，我国电信运营企业在改善服务上倾注了大量心血，客户反响也越来越好。但是，服务是永恒的话题，没有终极标准，企业必须根据市场的变化持续完善自己的服务规范和标准，只有这样，才能使企业的服务永远不落伍。高校图书馆也要学习企业的管理理念，要持续完善服务规范和标准，为教师、在校生提供优质的管理和服务。

## 二、不断提升职业素质，超越规范和标准的限制，真正做到用心服务

电信企业在营业厅、客服电话等直接面对客户的窗口均发展了很多服务明星、标兵、模范等，还适时推出了各种劳动竞赛，旨在用激励手段提升营销员工的职业素质，激发其潜在的良好服务心理。这些方法都很奏效，通过这样的手段确实大大提升了运营企业在服务方面的软实力，同时涌现出更多深受客户好评的营销模范和标兵。如今，电信运营企业的服务与改革开放初期已不可同日而语，社会公众普遍认为其服务质量发生了质的变化。但是，伴随IT技术的不断进步、互联网企业的飞速发展，电信运营企业的服务又遇到了新的挑战，需要不断适应形势变化的新需求，以更开放、创新的管理方法不断提升服务的软实力。高校图书馆在管理和服务过程中，要不断提升图书馆管理和服务人员的整体素质，真正做到用心服务，超越图书馆规范和标准的限制，做到自己的最好水平。

### 三、自觉扩大服务外延，重视延伸服务并力求落在实处

一个外科医生为病人开刀只需将患者的病灶去除，保证其在医院的恢复是正常的，就算尽到了一个外科医生的责任。但是，如果这位医生继续关心患者的后续康复或继续关注这位病人的身体状况，就可以说这位医生延伸了自己的服务。其实，电信企业有很多营销人员的工作早已超出了企业规定的服务标准，为客户提供了超值的延伸服务，也得到了消费者的真诚回报。这里需要指出的是，企业要关注这些员工的自觉行动，不仅要对员工的超值服务行为进行表扬，也要通过管理手段激励员工和相关部门固化这些延伸服务，由此既可以让客户获得意想不到的良好体验，也能将企业的发展提前。否则，就不可能称其为延伸服务，而是标准服务了。

总之，服务对企业来说至关重要，从一定意义上说，甚至难以界定其到底是软实力还是硬实力，没有高品质的服务就没有企业的快速发展。所以，企业管理者不仅要关注服务，还要管理服务。缺失管理的服务一定不是高水准的服务。当然，这也同样适用于图书馆服务与管理行业。图书馆在自身的发展过程中，要自觉扩大服务外延，重视延伸服务，并且要将服务落到实处，做到让人民满意的服务。

## 第三节　高校图书馆管理与服务创新实践案例

### 一、南京大学的"智慧图书馆"（Smart@Lib）创新服务模式

2012 年 5 月 20 日，南京大学智慧图书馆（Smart@Lib）在线读者服务系统正式开通，并且推出了一系列全自助服务系统。其智能服务系统的开通适应了智慧时代新形势下高校图书馆服务方式及内容的转变和优化，以全力打造智慧图书馆服务体系。

Smart@Lib 的目标是通过各个服务系统（Book+、Find+、Mobi+、Pad+）的建设和融合，建成一体化的读者服务平台，以适应智慧时代多元化的用户需求和信息获取方式，以更好地应对信息技术的发展给图书馆带来的挑战和机遇，更好、更稳地实现图书馆的转型和超越。

Smart@Lib 的建设以产学研合作模式为主要模式，合作单位包括南京大学图书馆、南京乐致安信息技术有限公司、南京大学信息管理学院等。其主要的服务模式包

括 Book+（个性化服务模式）、Find+（知识发现服务模式）、Mobi+（移动图书馆服务模式）、Pad+（读者互动服务终端模式）、Subject+（学科知识服务模式）。

（一）Book+

Book+（个性化服务模式）是图书馆升级版的 OPAC，将馆藏书目信息与 Web 技术结合，为用户带来全新的 OPAC 体验和增值服务，为用户提供更加简便、智能、贴合用户习惯、交互性更强的服务界面和内容，分为个人登录、借阅信息、推荐图书、期刊推送、馆藏书刊、我的书架六个主要功能模块。

第一，个人登录模块。支持多账号登录，可以与 QQ 账号、微博账号、人人网账号等常用账号进行捆绑，更加方便登录。

第二，借阅信息模块。可以查看当前借阅信息、借阅历史信息、预约记录和超期信息，查看缴款记录、委托信息和证件信息，提供馆际互借通道。

第三，馆藏书刊模块。支持各种国内外自动化管理系统，提供更加丰富的书目信息和交互服务，包括书的封面、目录、简介，与书评网（豆瓣）、网上书店互通，可以查看网友述评，提供网络书店导购，更加体现个性化服务，可以给书目加标签、打分、发表评论，可以进行预约、评论、分享和收藏等操作，并且建立个人书架。

第四，推荐图书模块。贴合用户习惯，提供更加人性化的推送服务；自动进行身份判别，主动推送热门新书与到馆图书，自主修改关注学科，提供荐购的绿色通道，让读者荐购网络热评的未藏书目。

第五，期刊推送模块。提供集成的期刊订阅与推送服务，自主定制，定期向用户推送最新目次。

第六，我的书架。其包括我的藏书、我的书签、读过的书三个主要部分，用户可以建立个人的读书管理空间和藏书空间。

（二）Find+

Find+（知识发现服务模式）是由美国 EBSCO 公司与南京大学数图实验室为用户联合开发的结合本地化需求的知识发现平台，以提供高质量、低成本、便捷的学术资源发现和共享服务。Find+ 利用经授权合法的国外出版商提供的元数据，采取先进的外文多语言搜索技术，结合本地化服务功能，搭建国内领先的知识发现平台，旨在为国内图书馆用户提供更加快捷、更高质量、更低成本的知识发现与共享服务。Find+ 平台的功能特点与优势如下：

第一，高质量的学术搜索引擎技术。采用 EDS 先进的搜索技术，在多语种的分词、权重、语法等判断方面与 EDS 的国际水平持平。

第二，体验最佳的检索结果相关性排序（平台质量评价的重要因素）。相关性排序的优先顺序分别为命中专业主题的控制词表、命中文章题名、命中作者提供的关键字、命中文摘提供的关键字、命中文章全文中提供的关键字。

第三，强大的全文检索能力和高级检索功能。支持数百个数据库的领先同业的全文检索功能，提供复杂的、多种条件组合式的高级检索，帮助用户获取文献资源。

第四，高度融合的二次文献整合平台。具有 100% 二次文献元数据收录融合，并提供与引文数据库同等质量的 index 元数据，支持包括 Ei Compendex、PsycINFO、INSPEC 等多个国际知名二次文献引文数据。

第五，提供本地化的全文链接与智能原文传递服务。提供基于 EBSCO 的 Link Source 服务与及时有效的数据库全文链接服务，提供便捷化的智能邮件原文传递服务。

第六，多网络组合创新服务。支持手机 App 访问。

此外，Find+ 平台还拥有海量的资源内容，具备 7 亿多条外文学术资源，超过 100 000 种期刊资源、600 多万册外文图书的 MARC 数据，包含书皮封面，覆盖 20 000 多家期刊出版社、60 000 多家图书出版社，95% 期刊文献提供的文摘内容、391 000 篇会议录、825 000 种 CDs&DVDs 的 MARC 数据以及超过 100 000 000 篇的报纸文章，其中包括图书馆现有的学术资源。

## （三）Mobi+

Mobi+（移动图书馆服务模式）是一款基于 Wap、Android、iOS 平台的移动 App 手机软件，能够实现用户随时随地快速查询、浏览、获取图书馆信息和资源，享受图书馆一系列个性化服务的功能，提供体验性更强、更好的移动图书馆服务。Mobi+ 的主要内容如下：

第一，Mobi+ 支持的设备终端和系统包括智能手机、手持阅读器、平板电脑等，支持 Wap、Android、iOS 等系统。

第二，Mobi+ 的服务方式包括 App、二维码、语音服务。

第三，Mobi+ 主要包括以下功能。①图书馆馆务信息：新闻动态、本馆概况与导航。②资源检索与利用服务：具备深度集成的 OPAC 功能，提供书刊检索、电子数据库检索、语音检索、二维码扫描和多字段的高级检索，支持图书的在线预约、收藏（创建个人书架）和书评（支持语音输入），支持电子资源的即时下载阅读、文献发送到邮箱、期刊的 RSS 服务和我的下载管理。③个人图书馆：包括账户信息、借阅信息、违章信息、读者荐购四个模块，支持查看和修改用户账户信息，支持查看当前借阅信息和一键续借服务、用户违章和缴款记录，支持读者荐购。④信息推送通知与定制服务：支持实时的新闻动态推送、到馆新书推送、书目到期提醒和期刊目次推送，用户可自主定制相关学科，设定提醒天数和定制相关期刊。

第四，Mobi+ 的特点。首先，能够支持实时在线查询、检索、阅读和获取文献资源服务；其次，具备强大的检索能力，支持二维码检索、语音检索和多字段的高级检索；最后，Mobi+ 提供个性化服务，用户可以自建个人书架，自助定制相关学科信息、期刊信息，设定相关天数，进行个人图书馆管理。

## （四）Pad+

Pad+（读者互动服务终端模式）是一款基于安卓系统平台开发的国内首家支持可与智能手机交互的大屏幕触控互动服务终端，可实现多场所部署，如教学楼、图书馆、学院大楼、宿舍楼等，以更好地推广图书馆的创新服务，加深用户对图书馆创新服务的认知，为用户带来友好的、直观的、交互性更强的使用体验。

Pad+ 终端分为电子图书、电子期刊、热门推荐、书刊检索、到馆新书、图书馆新闻、校园新闻、校园黄页八大模块，主要功能和特点如下：

第一，支持借阅下载到手机终端（手机摇一摇借阅或者二维码借阅），支持语音检索。

第二，支持系统推送最新的电子图书资源，可根据学科或者关键词设定推送到馆新书信息，支持电子期刊的 RSS 更新。

第三，能够对学校及图书馆门户网站的新闻等动态资讯信息进行自动同步更新。

## （五）Subject+

Subject+（学科知识服务模式）是以学科为基础，建立各大学科新闻、文献、课程、会议、人物、机构、专利的聚合系统平台，将网络上有关学科的及时信息聚合到图书馆学科服务平台上，便于用户及时通过这一平台了解各相关学科发展的动态信息。建立基于学科的互动平台，以便学科馆员帮助用户解决在学科教研学习过程中遇到的的各类问题，通过 Subject 学科知识平台建立强大的学科知识库。

南京大学能源科学研究院利用 Subject+ 平台开发了国内领先的全球能源科学信息平台，它是汇聚全球能源学科资讯和文献资源的知识中心，可以为能源领域从业人员提供一站式的知识库和个性化的精准资讯服务。

该平台主要包括新闻库、机构库、文献库、专家库、专利库、法规库、数据库、词汇库、数据分析、我的信息库和我的文件夹 11 个模块，提供简单、便捷的检索服务，支持个性化的资讯订阅服务，以形成结合个人研究方向和关注领域的"个人资讯中心"，提供科研人员关心的科学数据和可定制的数据分析服务。

当前，国内高校学科服务平台的服务多为学科馆员个人推荐的学科网址站，如被广泛应用的"LibGuides"学科服务平台，无法真正满足专业研究者对精准、全面的信息资讯的需求以及个性化的学科知识服务要求。南京大学能源科学研究院应用Subject+平台开发的全球能源科学信息平台为专业研究人员和领域从业人员提供了全面覆盖学科资讯的信息服务以及根据他们的研究方向、从事领域或者关注热点而定制生成的"个性学科资讯中心"，提供最专业、精准的学科化知识服务，为国内其他高校图书馆的学科知识服务建设提供了很好的参考和借鉴。

此外，南京大学智慧图书馆实践还包括一系列的全自助服务系统，包括数字化自助借还系统、自助文印扫描系统、轻印刷系统、数字标系统、研究小间网络管理自助预约服务系统、24小时自助还书系统、离校自助查询系统。

## 二、上海交通大学的智慧图书馆创新模式

智慧图书馆是上海交通大学图书馆2020年的发展规划，智慧图书馆应该是触手可及、灵活感知的"泛在智能图书馆"，主要包含五大要素：资源、服务、技术、馆员和读者。资源存取环境要便捷、高效，并且可以互动；服务应该是泛在人本的一站式服务；技术是感知化、互联化和智能化的；馆员队伍应是专业、创新、活力与热情的；读者是服务的直接对象，也是图书馆建设的参与者。其目标是把上海交通大学图书馆建设成具有品牌、国际效应的交大模式、交大标准、交大规范。其核心理念是资料随手可得、信息共享空间、咨询无处不在、馆员走进学科、技术支撑服务、科研推进发展。上海交通大学图书馆主要采取"三部一所"的垂直、扁平化、多分馆协同的管理机制，由读者服务总部、行政管理总部、技术服务总部以及情报科学技术研究所组成，以总分馆模式提供一体化服务，主要包括两种创新服务模式。

### （一）IC2创新服务模式

上海交通大学在国内首倡"图书馆IC2理念"，力主建立"触手可及"的智慧图书馆。IC2在强调支持学习的"信息共享空间（Information Commons,IC1）"的基础上，引入"创新社区（Innovation Community,IC2）"的新型服务理念，即图书馆主动创新服务机制，根据用户个性化的信息需求，营建支持主题学术交流与创新的环境，以"学科服务"为主线展开工作，注重用户参与和交互，支持协作研究，启迪创新思维。两种IC模式通过职能互补和整体优化，产生单一服务模式下不能实现的乘法甚至指数效应。

IC2创新服务模式的目标是启迪创新、提升素养、鼓励参与、促进交流，主要包

括两大子品牌：IC2 创新支持计划与 IC2 人文拓展计划。

IC2 创新支持计划以支持学术交流和研究创新为基点，以学科服务为主线，以构建"泛学科化服务体系"为目标，推进和深化学科服务建设。首先，构建学科服务的资源保障体系，走进院系，融入学科，从学科资源布局、学科资源梳理、学科资源利用、学科资源引进、学科资源评估等角度参与学科资源建设，以"三一"原则为基础，为学习、教学与科研的开展提供文献支撑；其次，依托图书馆物理空间与虚拟空间，搭建一站式、开放式、创新协同与智能的基础设施环境与服务基础布局，包括智慧泛在课堂的构建、LibGuides 学科服务平台的构建、学科信息导报与学科博客的创立以及学业分享中心等促学、促研服务活动的开展，配备全开架阅览室、阅览室查询台、专门的电脑使用区域以及基于网络预约系统的 24 间小组学习室等基础空间和设备；再次，学科馆员走进院系，融入学科，构建覆盖全校院系的服务基地和服务分站，组建多个学科服务团队，开展一系列量身定制的专题性活动，面向学科推出学科博客、学科信息导报，开展信息素养教育和培训；最后，深化和拓展学科服务，开展以学科为基础的分析和研究，开展个性化学术服务，提供课题调研分析、学术成果评价、学科前沿与热点分析、科研成果储存等个性化服务，为学科发展与建设、科研决策提供决策咨询与支持，建设学科战略服务。

IC2 人文拓展计划的主旨是点亮阅读、启迪人文、弘扬文化，目标是启迪创新、鼓励参与、促进交流，主要由"阅读，让校园更美丽"、鲜悦、主题展览、思源讲坛和叔同讲坛、艺术走进校园等模块构成，活动涉及主题征文、主题书展、多媒体资源展播与人文经典讲座等各种类型的活动，力图用不同方式，从不同视角，推进校园文化建设，提升校园人文素养，从而促进图书馆创新社区品牌的塑造，推进图书馆人文文化建设。

### （二）"泛在智慧课堂"模式

"泛在智慧课堂"是上海交通大学"智慧校园"与"智慧学习"的重要组成部分，主要采取图书馆、教务处、网络信息中心联合开发，与超星公司合作，试点推出的建设模式。

"泛在智慧课堂"是将移动学习融入教学课堂的创新服务模式，推送个性化的电子教参资源。通过构建统一的电子教参服务平台，基于移动电子终端，针对每位学生所选修的课程，实时、主动推送与课程相对应的电子教参资源，包括图书、论文、视频、课件及多媒体等各类资源，提供个性化的平台界面，允许用户自主定制教参资料，进行批注和分享读书笔记，查找教师最新研究成果，教师可以随时添加、管理教参资料。校内师生手持电子教参的移动阅读器，可以不受时间、地点的限制，随时随地查看和获取教学课程与参考书籍，实现教学课程信息与教参资源的实时互通和"教""参""学"三位一体的智慧学习，创建一种泛在、智能的教学环境。其支持的终端设备包括"超 iPad"、手机、电脑、电子阅读器等任何移动终端。移动设备采取的主要借阅方式包括以租代购、有偿租借和购买这三种方式。

此外，上海交通大学图书馆还建立了国内首家一站式资源发现、获取与揭示平台——"思源探索"，实现了覆盖更全面、响应速度更快的资源检索以及更个性化与智能化的检索服务；引进了 LibGuides 学科服务平台（在线学科服务指南、创新支持社区、各类学术资源信息），还可以跟院系教师合作创建课程指南；建立了资源采购的三一原则，由院系师生、学科馆员、图书馆采购专家三方共同参与图书馆的文献资源建设，与院系合作，统一编目与加工，建立一体化的资源服务体系；积极加强与第三方机构的合作，共建共享，互惠推广，如承担中国高等教育文献保障系统（CALIS）三期建设项目中的参考咨询服务子项目和馆员素养培训与资质认证子项目、CADAL（大学数字图书馆国际合作计划）项目。

# 参考文献

[1] 吴建中. 无所不在的图书馆——转型与超越 [M]. 上海：上海大学出版社，2012.

[2] 陈进. 大学图书馆服务体系建设 [M]. 上海：上海交通大学出版社，2012.

[3] 李东来. 数字阅读：你不可不知的资讯与技巧 [M]. 北京：北京图书馆出版社，2010.

[4] 王世伟. 智慧城市辞典 [M]. 上海：上海辞书出版社，2011.

[5] [ 美 ] 尼古拉斯·巴斯贝恩. 永恒的图书馆 [M]. 杨传维，译. 上海：上海人民出版社，2011.

[6] 张肖回. 基于图书馆 RFID 技术的现在与未来 [M]. 北京：世界图书出版公司，2011.

[7] 陈颖颖，裴允. 高校移动图书馆信息服务现状分析 [J]. 图书馆学研究，2012(10)：78-81.

[8] 范艳芬. 学习共享空间与我国大学图书馆服务创新研究 [J]. 图书与情报，2011(2)：71-74.

[9] 高小军. 公共图书馆作为"第三空间"的理念与实践 [J]. 图书馆，2013(1)：99-100，104.

[10] 郭红英. 云计算环境下高校图书馆用户服务模式发展研究 [J]. 图书馆理论与实践，2011(2)：84-85.

[11] 胡绍军. 大学园区图书馆云服务模式应用研究：以杭州下沙高教园区为例 [J]. 大学图书馆学报，2011(1)：65-68.

[12] 姜海峰. 移动图书馆的兴起和解决方案 [J]. 大学图书馆学报，2010(6)：12-15.

[13] 赖群，黄力，刘静春. 借助"物联网"和"云计算"构建智慧图书馆 [J]. 新世纪图书馆，2012(5)：47.

[14] 李晨晖，崔建明，陈超泉. 大数据知识服务平台构建关键技术研究 [J]. 情报资料工作，2013(2)：29-34.

[15] 李丽宾. 物联网催生智慧图书馆 [J]. 四川图书馆学报，2012 (6)：2-5.

[16] 李玉花，孙晓明. 图书馆知识服务的实践策略和模式 [J]. 情报资料工作，2010(1)：74–77.

[17] 梁光德. 智慧服务：知识经济时代图书馆服务新理念 [J]. 图书馆学研究，2011(11)：88–92.

[18] 刘雪飞，张芳宁. 图书馆知识服务模式即发展趋势分析 [J]. 图书馆理论与实践，2012(10)：110–112.

[19] 马天舒. 大学图书馆开放型知识服务模式研究 [J]. 情报杂志，2013(2)：135–138.

[20] 沈彦君. 物联网技术在智能图书馆中的应用 [J]. 国家图书馆学刊，2012(2)：51–54.

[21] 施海燕. 云计算和移动图书馆 [J]. 图书馆建设，2009(9)：10–12.

[22] 宋刚，邬伦. 创新 2.0 视野下的智慧城市 [J]. 北京邮电大学学报 ( 社会科学版 )，2012(4)：3–5.

[23] 孙坦，黄国彬. 基于云服务的图书馆建设与服务策略 [J]. 图书馆建设，2009(9)：1–6.

[24] 孙杨. 高校移动图书馆服务模式探析——以北京航空航天大学移动图书馆为例 [J]. 当代图书馆，2012(3)：32–35.

[25] 王红. 从 OCLC 看图书馆云计算的未来 [J]. 图书情报工作，2011(5)：148–150，156.

[26] 王立平，刘艳玲. 云计算模式下高校图书馆服务创新初探 [J]. 兰台世界，2010(14)：75–76.

[27] 王世伟. 论智慧图书馆的三大特点 [J]. 中国图书馆学报，2012(11)：23.

[28] 王世伟. 未来图书馆的新模式——智慧图书馆 [J]. 图书馆建设，2011(12)：7–11.

[29] 王世伟. 再论图书馆 [J]. 图书馆杂志，2012(12)：2.

[30] 王文清，陈凌. CALIS 数字图书馆云服务平台模型 [J]. 大学图书馆学报，2009(4)：1.

[31] 王亚林. 电子资源云服务——图书馆工作社会化的新形式 [J]. 大学图书馆学报，2012 (6)：83–87.

[32] 乌恩. 智慧图书馆及其服务模式的构建 [J]. 情报资作，2012(5)：102–103.

[33] 吴一平. RFID 技术在高校图书馆中的应用与规划 [J]. 图书馆工作与研究，2012(5)：126–128.

[34] 谢蓉，刘炜. SoLoMo 与智慧图书馆 [J]. 大学图书馆学报. 2012(3)：5–10，79.

[35] 徐洪升. 图书馆知识服务的内涵、方式和运营模式 [J]. 商业时代，2010(5)： 133，104.

[36] 徐江.图书馆知识服务研究[J].图书情报工作，2012(S1):36-38.

[37] 徐丽晓.面向知识创新的高校图书馆知识服务体系构建研究[J].情报理论与实践，2010(1):85-88.

[38] 闫静波，李玉玲.适应用户需求的图书馆知识服务[J].图书馆学研究，2010(11):70-73.

[39] 严栋.基于物联网的智慧图书馆[J].图书馆学刊，2010(7):8-9.

[40] 杨霞，许文婕.构建图书馆云服务是梦想还是现实[J].四川图书馆报，2012(1):38-41.

[41] 伊安·约翰逊.智慧城市、智慧图书馆与智慧图书馆员[J].图书馆杂志，2013(1):4-7.

[42] 张文华，冯凯，胡光林，等.云计算及其在图书馆中的应用现状和面临的障碍[J].图书与情报，2010(4):44-47.

[43] 张晓林.走向知识服务：寻找新世纪图书情报工作的生长点[J].中国图书馆学报，2000(3):32-37.

[44] 周妤.高校图书馆用户自助服务研究[J].图书馆论坛，2006(3):199-201.